교실 영어 표현 사전

학생편

교실 영어 표현 사전

학생편

김단해 지음

로그인

학부모님께 …

아이들이 하고 싶은 말을 마음껏 할 수 있도록

《교실영어 표현사전》을 출간한 지 15여 년, 개정판이 나온 지도 어느새 4년이 흘렀습니다. 새내기 교사였던 제가 그사이 두 아이의 엄마가 됐고 또 그 아이들이 초등학생이 되었습니다. 세월이 참 빠르다는 것을 새삼스레 느낍니다.

《교실영어 표현사전》이 출간될 즈음에는 '영어를 영어로 가르치자'가 화두였는데 지금은 공교육 사교육 할 것 없이 많은 선생님이 영어로 수업을 하고 있으니, 그 변화가 매우 반갑습니다. 제 학창시절 영어 수업 시간을 떠올려 보면 참으로 다행이고 감사한 마음입니다.

그런데 제가 맡은 학생들이나 제 자녀들과 영어 수업을 하거나 이야기를 나누어 보면 약간 문제가 있었습니다. 아이들이 리스닝(listening)은 잘되는데, 스피킹(speaking)이 잘되지 않았습니다. 분명히 하고 싶은 말이 있고, 다 할 수 있는 말임에도 입 떼기를 어려워했습니다. 영어 학습의 궁극적인 목표는 영어로 의사소통을 하는 것임에도 이대로라면 그 목표에 도달하기 어렵겠다는 생각이 들었습니다. 그리고 이제는 학생들이 입을 떼서 자유롭게 표현할 수 있도록 해 줘야겠다고 생각했습니다.

사실 학생을 위한 교실영어에 관한 책은 2009년부터 기획했는데, 임신과 출산 및 건강 문제로 한동안 미뤄 둔 프로젝트였습니다. 늘 마음 한구석에는 언젠가 끝내야 할 과제로 남아 있었지요. 그러다 영어로 말하라고 하기만 하면 꿀 먹은 벙어리가 되어 버리는 제 아들과 딸을 보면서 더 이상 미룰 수가 없었습니다. 늦게나마 이 책이 세상에 나오게 된 배경입니다.

교실에서 영어로 의사소통을 원활히 하는 데는 사실 많은 표현이 필요하지 않습니다. 그렇지 않아도 학습량이 많은 학생들에게 너무 많은 것을 제시하기보다는 필수적으로 알아야 하는 표현을 중점적으로 담았습니다. 이것만 알아도 의사소통을 자유롭게 할 수 있도록 하자는 것이 이 책의 출발점이자 종착점입니다. 또한, 흥미로운 이야기와 그림을 넣어 부담 없이 재미있게 학습할 수 있도록 했습니다. 필수 표현을 수집하는 과정에서 아들과 딸의 도움을 많이 받았는데, 덕분에 요즘 학생들의 생각과 대화를 생생하게 담아낼 수 있었습니다.

저는 제 아들딸과 함께 읽기 위해 정성을 담아 이 책을 썼습니다. 저처럼 여러 부모님이 이 책을 가지고 아이와 침대에 누워 도란도란 이야기하며 의사소통 능력을 함께 키워 나가는 모습을 상상해 봅니다. 참으로 행복하고 소중한 시간이 되리라고 믿어 의심치 않습니다.

책을 쓰는 동안 많은 분의 격려와 지지를 받아 외로운 여정을 무사히 마칠 수 있었습니다. 옆에 계시는 것만으로 힘이 되는 사랑하는 부모님, 당신 하고 싶은 거 다 하라며 응원해 주는 든든한 남편, 엄마를 최고로 아는 멋진 아들 치호와 예쁜 딸 소윤이가 있어서 정말 힘이 났습니다. 또한 이렇게 근사한 책이 나올 수 있도록 해 주신 유성권 사장님과 로그인 출판사 관계자 여러분, 특히 좋은 아이디어와 조언을 아끼지 않으신 신혜진 차장님께 진심으로 감사드립니다.
마지막으로, 소중한 친구 김나영과 나의 사랑스러운 반려묘 두부와 콩이에게 무한한 사랑을 전합니다.

2023년
김단해

여러분도 영어로 마음껏 말할 수 있어요

Hello students!

우리 친구들 정말 반가워요. 여러분이 이 책을 보고 있다고 생각하니 참으로 가슴이 벅차요. 여러분에게 조금이라도 더 도움을 주려고 정말 온 정성을 담아 쓴 책이라 그런가 봐요. 이 책은 영어로 말을 잘하고 싶은 친구들을 위한 책이에요. 선생님은 영어 공부의 최종 목적이 '영어로 의사소통 잘하기'라고 생각해요. 의사소통을 잘하기 위해서는 듣기, 말하기, 읽기, 쓰기 전부 중요하지요. 그런데 학교 현장에서 보면 다른 건 다 잘하는데, 자기 생각을 자유롭게 영어로 말할 수 있는 친구들은 많지 많아요. 속상하고 안타까운 마음에 선생님의 비법을 모으고 모아서 여러분의 말하기 실력을 올려 줘야겠다고 다짐했어요.

선생님은 초등학교 3학년 때 ABC도 모른 채 가족을 따라 영국에 갔어요. 영국의 초등학교에 전학을 갔는데 처음에는 말 한마디도 못 해서 많이 속상하고 답답했죠. 그런 선생님에게 반 친구들과 학교 선생님들이 친절하게 하나하나 알려 주고 가르쳐 주고 기다려 줬던 기억이 아직도 새록새록 나요. (그 친구들과는 아직도 연락하고 지낸답니다.) 그렇게 친구들과 선생님들의 도움을 받아 영국으로 간 지 6개월 만에 정말 거짓말같이 영어로 유창하게 의사소통을 할 수 있었어요.

그때의 따뜻하고 감사한 느낌, 친구들과 했던 대화, 선생님께서 가르쳐 주셨던 표현이 아직도 머릿속에 선명해요. 그 소중한 기억을 모으고 거기에 선생님이 중학교, 고등학교 학생들을 가르치면서 수집한 필수 표현을 엄선해 보태서 책으로 만들었어요. 선생님이 해냈다면 여러분도 할 수 있다는 믿음으로 따뜻한 마음과 그에 못지않은 굳은 의지를 담아 여러분에게 손을 내밀어 봅니다. 여러분이 영어로 유창하게 자신의 의사를 표현할 수 있는 멋진 인재가 되기를 언제나 응원합니다!

단해 쌤이

"선생님, 학부모, 학생이
입을 모아 추천합니다."

선생님과 부모를 위한 교실영어, 엄마표 영어는 늘 있어 왔지만 정작 우리 아이들의 눈높이에 맞는 수업 중 말하기 자료는 아쉬웠던 차이기에 이 책이 더욱 반갑고 소중합니다. 아이들이 할 말이 없어서, 하고 싶지 않아서 입을 열지 않은 것이 아니라 아이들 수준에서 당장 사용할 수 있는 영어 표현을 제대로 준비하고 연습할 기회가 충분하지 않았던 거죠.

간단한 말부터 시작해 아이들이 입을 열 수 있도록, 그래서 더욱 자신 있게 수업에 참여할 수 있도록 하는 데 이 책이 큰 도움이 되리라 믿습니다.

— 영어교육 전문가 **이보영**

아이들에게 영어 공부를 하며 무엇이 어려운지 물어보면 듣기는 잘되는데 막상 영어로 말하려고 하면 어떻게 해야 할지 막막하다는 이야기를 많이 합니다. 이 책에는 억지로 외우지 않아도 자연스럽게 익힐 수 있도록, 일상 대화에서 사용하기 좋은 표현이 잘 담겨 있습니다. 흔히 가질 수 있는 잘못된 개념에 대해서도 잘 짚어 주어 영어다운 영어를 익힐 수 있습니다.

이 책을 활용해 아이들이 영어 말하기에 자신감을 키울 수 있도록 도움을 줄 수 있을 것 같습니다.

— **조은영**(사화초등학교 교사)

한국과 같은 EFL(English as a foreign language, 외국어로서의 영어) 상황에서는 영어 사용 기회가 교실로 제한되는데, 예전과 달리 요즘은 많은 학생이 배운 영어를 '사용(use)'하고 싶어 하는 것을 느낍니다. 어떤 영어 표현을 알려 주면 한참 후 적절한 상황이 되었을 때 재치 있게 사용하는 학생이 많거든요. 이 책은 초등학생, 중학생뿐 아니라 고등학생에게도 유용합니다. 이 책을 활용해 학생들이 더 재치 있는 화자(speaker)가 되도록 도와줄 생각에 설레고 기쁩니다.

— **김지은**(인천대중예술고등학교 영어 교사)

딸아이의 영어 교육에 관심이 많은데, 요즘 자기 생각을 영어로 말하기를 쉽지 않아서 어떻게 도와야 할지 고민하던 차에 이 책을 만났어요. 정말 필요한 표현만 쏙쏙 골라 놓은 선물 같은 책이에요. 우리 딸이 이제 곧 영어로 유창하게 말하게 될 것 같은 느낌이 옵니다.

— **김미영**(초6 학부모)

학원과 별개로 아이에게 엄마표 영어를 해 주고 싶은데 어떤 책으로 시작해야 할까 하는 고민을 없애 주는 책입니다. 이 책 하나면 아이의 말하기 실력이 나날이 향상되리라 믿습니다.

— **박주숙**(초6, 중2 학부모)

아이가 영어를 편하게 대하고 자신 있게 의사소통했으면 하는 바람이 늘 있어요. 상황별로 대화에 어떻게 접근해야 하는지 쉽게 설명해 주는 책입니다. 어렵지 않은 표현이 깔끔하게 제시되어 있어 기억하기도 쉽고요. 특히 기억해야 하는 중요한 포인트는 따로 정리되어 있어서 좋습니다. 두고두고 펼쳐 보고 싶은 책이에요.

— **이윤선**(초2, 초6 학부모)

"엄마! 이거 영어로 어떻게 말해?" 아이는 한글 단어를 영단어로 그대로 바꾸길 원합니다. 하지만 단어만 바꾸면 어색하거나 더러는 실제 쓰이지 않는 표현이 되기도 하지요. 이 책에는 실제로 쓰이고 실생활에서 바로 사용할 수 있는 쉬운 문장이 담겨 있습니다. Let's talk로 활용 연습도 해 볼 수 있어서 엄마도 아이도 소리 내 말하는 연습에 도움이 될 것 같아요. 특히나 주재원으로 가는 분들의 자녀라면 필수로 읽고 가야 하지 않을까 싶습니다.

— **이미혜**(초4, 중1 학부모)

실제로 쓸 수 있는 표현 위주로 간단하게 정리되어 있어, 영어 공부는 하기 싫지만 영어는 잘하고 싶어 하는 어린이에게 딱 맞는 필독서입니다. 우리 아이가 조금 더 어릴 때 이 책이 나왔더라면 하는 아쉬움이 크네요.　　　　　　　　　　— **백해연**(중2 학부모)

딸아이가 영어유치원을 다녔고 지금도 어학원을 다니며 원어민 선생님과 자연스럽게 소통할 줄 압니다. 그런데 어떨 때는 정확하지 않은 표현을 사용하기도 하고 문장 구성에서 무언가 하나씩 빠뜨리기도 합니다. 영어는 유창하게 구사해도 정확도가 떨어져서 고민이었는데 마침내 좋은 해결책을 찾았네요. 상황별로 다양한 표현이 정리되어 있어 아이와 찾아보며 정확한 표현을 익히는 즐거움을 맛볼 수 있습니다. 덕분에 엄마인 제 영어 실력까지 향상되는 일석이조의 효과를 볼 수 있어 너무 좋네요. 자녀가 영어를 어느 정도 하는데 뭔가 2% 부족한 것 같다고 느끼는 어머니들께 적극 추천합니다!　　　　　　　　　　　　　　　　　　— **이명신**(초1 엄마)

영어를 좋아하고 또 곧잘 하는 아이에게 이 책을 슬쩍 내밀어 봤더니 딱 자기가 원했던 책이라고 합니다. 교실에서 쓸 수 있는 표현만 모아 놓은 책이 있으면 좋겠다 싶었대요. 좋은 책을 만나서 참 뿌듯해요.　　　　　　　　— **김영란**(중3 학부모)

하고 싶은 얘기를 영어로 자연스럽게 할 수 있으면 그게 성공적인 영어 공부 아닐까요? 교과서에서 배웠던 딱딱한 대화체를 자연스러운 표현으로 변화시킬 수 있는 좋은 책이에요.　　　　　　　　　　　　　　— **정수진**(초3, 초5 학부모)

저는 제 아이들이 초등학교 때는 문법이나 리딩보다는 스피킹을 더 잘했으면 좋겠다는 생각을 해요. 원어민 선생님과 이것저것 이야기하는 모습을 보면 정말 대견해요. 이 책으로 아이들의 스피킹 실력에 날개를 달아 주고 싶습니다.　　　　　　　　　　　　　　　　　　— **박애나**(초3, 초6 학부모)

가끔 이게 맞나? 긴가민가한 표현이 있는데 그럴 때 검증할 수 있는 유용한 책입니다. 이 정도만 알아도 원어민과의 의사소통에 전혀 문제가 없을 것 같아요.　　　　　　　　　　　　　　　　— **문지현**(목운중 3학년)

독해나 문법은 자신 있는데 스피킹이 조금 아쉽게 느껴질 때가 있어요. 다른 회화 책은 단어가 어렵고 복잡해서 읽어도 금방 잊어버리는데 이 책은 학생용이라 그런지 간단명료하고 머리에 오랫동안 남아요. 다 아는 단어의 조합이라 쉽게 써먹을 수 있어요.
— **손예영**(위례솔중학교 2학년)

미국 학교에서 굉장히 자주 쓰이는 표현을 한눈에 볼 수 있는 책입니다. 유학을 준비하는 학생들에게 큰 도움이 될 거예요. — **전서영**(저동중학교 2학년)

동화 작가를 꿈꾸는 제게 영어 동화책을 써 보고 싶다는 마음이 들게 한 책입니다. 이 책으로 회화 능력을 키워서 영어로 자유롭게 외국인과 이야기하는 글로벌한 동화 작가가 되고 싶어요. — **김승아**(목동중 2학년)

평소에 궁금했던 표현이 여기에 다 있네요. 이렇게 쉽게 표현할 수 있었다니! 이제 영어 시간에 하고 싶은 말을 시원하게 할 수 있을 것 같아요. — **심상현**(목동초 6학년)

아니! 이 말이 영어로 이렇게 표현하면 되는 거였어?! 놀라움의 연속이에요. 이 책을 읽으면서 내가 생각한 대로 영어로 표현할 수 있구나 하는 생각이 들었어요.
— **정수아**(신목초 5학년)

영어로 말하기를 좋아하고 더 잘하고 싶어요. 이 책을 보고 너무 좋았어요. 인터넷에서 안 찾아봐도 이 책만 보면 궁금한 표현을 빠르고 정확하게 찾을 수 있어요.
— **유주원**(문현초 3학년)

이야기할 때 흔히 쓰는 표현이 실려 있어요. '아, 맞다! 이거였지?' 하는 내용도 많이 들어 있고요. 같은 의미로 사용하는 표현이 여러 개 실려 있어서 도움이 많이 될 것 같아요. — **김태준**(갈산초 2학년)

"이렇게 활용해 보세요."

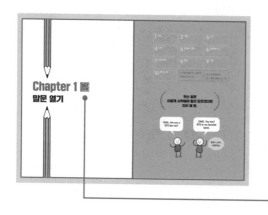

영어 표현과 어휘를
원어민 선생님의 발음으로
들어 보세요. 듣고 따라 하면
스피킹 실력이 쑥쑥 늘어요.

주제에 관한 재미있는 설명을
읽으며 부담 없이 영어 공부를
시작할 수 있어요.

생생한 대화 상황을 재미있고
귀여운 그림으로 표현했어요.
각 표현이 펼쳐지는 상황을
상상하며 말해 보세요.

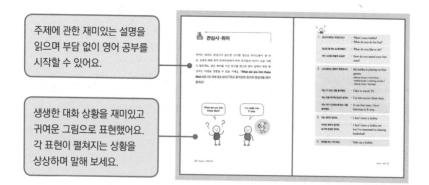

우리말-영어 순서의 문장사전 방식으로 구성해,
필요한 문장을 바로바로 찾아 쓸 수 있어요.
같은 말도 다양하게 표현할 수 있도록 비슷한 표현도
넣어 두었으니 때에 따라 골라서 활용해 보세요.
나의 실력을 점검하고 싶다면 영어 부분을 가리고
우리말만 보고 먼저 영어 문장을 만들어 봐도 좋아요.

Note
살짝 어렵게 느낄 수 있는
어휘는 따로 정리했으니
복습해 보세요.

해당 상황에서 확장된
표현이나 더 알아 두면
좋은 어휘를 선별했어요.

Let's Talk!
빈칸을 채우며 배운
것을 복습하고 입을
열어 직접 말해 보세요.

Check!
영어 표현에서 유의할
부분이나 참고할 사항을
따로 정리했어요.

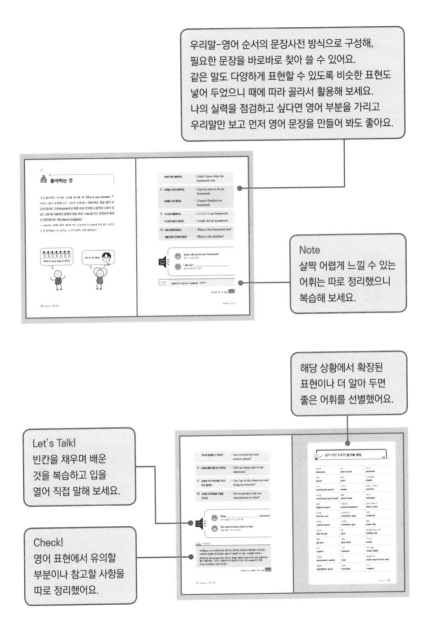

Chapter 1 말문 열기

Chapter 2 수업 시간

Chapter 7 고민 · 문제 상황

Chapter 1
말문 열기

**무슨 말로
어떻게 시작해야 할지 모르겠다면
따라 해 봐.**

OMG, Are you a
BTS fan too?

OMG, You too?
BTS is my favorite
band.

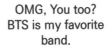

정국이 오빠,
사랑해요!

인사

늘 하는 인사인데, 왜 또 늘 버벅거리는 걸까요? 혹시 지금 딱 어울리는 인사말을 모르겠어서 그런 건 아닐까요? 인사말에도 많은 표현이 있답니다. 이제는 다양한 표현으로 인사를 건네고 대꾸도 해 볼까요? 참! 인사는 그냥 큰 뜻 없이 안부를 묻는 거라 내 기분과 상관없이 보통은 좋다(good, great)고 대답하는 경우가 많아요.

1 안녕하세요?
- How are you doing?
- How are you?
- How's it going?
- How's everything?

2 좋아요.
- Good!
- Great!
- Very good, thanks.
- I'm doing fine.
- Everything's fine.

꽤 괜찮아요.
- Pretty good.

3 그저 그래요.
- I'm okay.

나쁘지 않아요.
- Not bad.
- Not so bad.

4 지금까지는 괜찮아요.
- So far so good.

5 늘 그렇죠, 뭐.
- As usual.

특별한 건 없어요.
- Nothing special.

6 오랜만이에요.
- It's been a long time.
- It's been ages.

7 바빴어요.
- I've been busy.

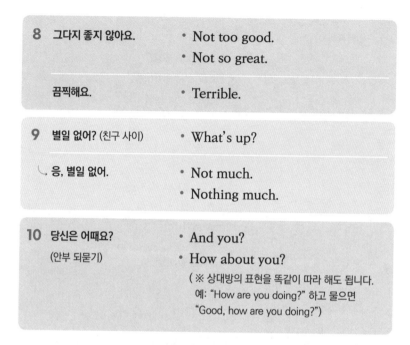

8	그다지 좋지 않아요.	• Not too good. • Not so great.
	끔찍해요.	• Terrible.
9	별일 없어? (친구 사이)	• What's up?
	↘ 응, 별일 없어.	• Not much. • Nothing much.
10	당신은 어때요? (안부 되묻기)	• And you? • How about you? (※ 상대방의 표현을 똑같이 따라 해도 됩니다. 예: "How are you doing?" 하고 물으면 "Good, how are you doing?")

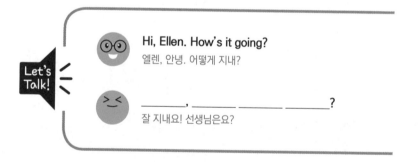

Let's Talk!

Hi, Ellen. How's it going?
엘렌, 안녕. 어떻게 지내?

_____, _____ _____ _____?
잘 지내요! 선생님은요?

02 계절

첫 만남, 첫 수업, 또는 뭔가를 시작할 때 어색함을 누그러뜨리려고 하는 말을 아이스브레이커(icebreaker)라고 해요. 첫 만남이나 첫 수업을 생각해 보세요. 얼음처럼 차갑고 어색한 분위기가 상상되죠? 그런 분위기를 깬다는 뜻을 가진 단어, icebreaker. 참 재밌죠?

대표적인 icebreaker로 계절 이야기가 있죠. 여러분은 어떤 계절을 제일 좋아하나요? 참! 가을을 의미하는 단어는 fall과 autumn 두 가지인데 미국에서는 fall을, 영국에서는 autumn을 더 많이 쓴답니다.

Why do you like summer best?

Because I can eat lots of ice-cream.

1	지금이 무슨 계절이죠?	• What season is it now?
2	무슨 계절을 제일 좋아해요?	• What's your favorite season?
	무슨 계절을 가장 덜 좋아하나요?	• What's your least favorite season?
	여름, 겨울 중 어떤 계절을 더 좋아하나요?	• Which season do you prefer, summer or winter?
3	제가 제일 좋아하는 계절은 봄입니다.	• My favorite season is spring.
	제가 가장 덜 좋아하는 계절은 겨울입니다.	• Winter is my least favorite season.
	저는 여름을 더 좋아합니다.	• I prefer summer.
4	제가 봄을 좋아하는 이유는 따뜻해지기 때문입니다.	• The reason why I like spring is because the weather gets warm.
	봄 식물들을 좋아하기 때문입니다.	• Because I like spring plants.
	새로운 학년이 시작되기 때문입니다.	• Because the new school year starts.

5 제가 여름을 제일 좋아하는 이유는 수영을 좋아하기 때문입니다.
- I like summer the most because I love swimming.

아이스크림을 많이 먹을 수 있기 때문입니다.
- Because I can eat lots of ice-cream.

여름방학이 있기 때문입니다.
- Because we have summer vacation.

6 제가 가을을 가장 좋아하는 이유는 시원한 날씨 때문입니다.
- Autumn is my favorite season because of the cool weather.

단풍을 좋아하기 때문입니다.
- Because I love autumn leaves.

가족과 캠핑을 갈 수 있어서입니다.
- Because I can go camping with my family.

7 제가 겨울을 좋아하는 이유는 겨울에는 눈이 오고 눈사람을 만들 수 있기 때문입니다.
- I like winter because it snows in winter and I can make snowmen.

스키와 스케이트 타는 것을 좋아하기 때문입니다.
- Because I like to ski and skate.

겨울 음식을 좋아하기 때문입니다.
- Because I love winter food.

8	방학이 끝나고 학교에 가야 해서 봄을 좋아하지 않습니다.	• I don't like spring because the vacation ends and I have to go back to school.
	제가 여름을 좋아하지 않는 이유는 너무 덥고 습하기 때문입니다.	• The reason why I don't like summer is because it's too hot and humid.
	제가 가을을 싫어하는 이유는 외로움을 느끼기 때문입니다.	• I don't like fall because I feel lonely.
	제가 겨울을 싫어하는 이유는 너무 춥기 때문입니다.	• I hate winter because it's too cold.

| 9 | 한국은 사계절이 뚜렷합니다. | • Korea has four distinct
seasons. |

| 10 | 봄은 3월, 4월, 5월을 포함합니다. | • Spring includes March, April
and May. |

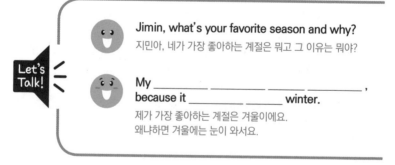

Jimin, what's your favorite season and why?
지민아, 네가 가장 좋아하는 계절은 뭐고 그 이유는 뭐야?

My _____ _____ _____ _____ ,
because it _____ _____ winter.
제가 가장 좋아하는 계절은 겨울이에요.
왜냐하면 겨울에는 눈이 와서요.

Let's Talk!

03 시간

우리는 아침에 눈을 뜨는 순간부터 잠들 때까지 시간을 확인하면서 하루를 보내요. 그만큼 시간에 관한 대화도 많이 하겠지요? "Do you have the time?"이라는 표현이 있는데요, 왠지 "시간 좀 있나요?" 뭐 이런 뜻일 것만 같죠? 하지만 "몇 시인가요?"라는 뜻이랍니다. 그렇다면 "시간 좀 있나요?"라고 묻고 싶을 때는 뭐라고 해야 할까요? 굉장히 비슷해요. "Do you have time?" 이렇게 물어보면 됩니다. the 가 있고 없고 차이가 크죠?

1 몇 시인가요?
- What time is it now?
- Do you have the time?

시간 좀 알려주시겠어요?
- Can you tell me the time?

2 9시입니다.
- It's nine. (= It's nine o'clock.)

9시 30분입니다.
- It's nine thirty.

지금 시각은 9시 25분입니다.
- The time is nine twenty five.

3 몇 시에 시작하나요?
- At what time does it start?

⤷ 9시에 시작합니다.
- It starts at nine.

우리 몇 시에 시작하나요?
- What time do we begin?

4 저에게 시간이 몇 분 남았나요?
- How many minutes do I have left?

⤷ 5분 남았습니다.
- You have five minutes left.

얼마나 기다려야 하나요?
- How long do I have to wait?

우리 몇 분 후에 들어갈 수 있나요?
- After how many minutes can we go in?

5 시간이 많지 않아요.
- We don't have enough time.

시간이 충분해요.
- I have enough time.
- We have plenty of time.

6 10분 후에 도착할 거예요.   • I'll get there in ten minutes.

10시까지 갈게요.   • I'll be there by ten.

7 서둘러야겠네요.   • I need to hurry up.

너무 늦게 왔네요.   • I came too late.

저 늦었어요?   • Am I late?

8 시간이 좀 걸릴 것 같아요.   • It's going to take some time.
    • It's going to take a while.

9 시간을 충분히 가지세요.   • Take your time.
(천천히 해요.)

10 시간을 더 주실 수 있나요?   • Can I have some more time?

시간이 더 필요해요.   • We need more time.

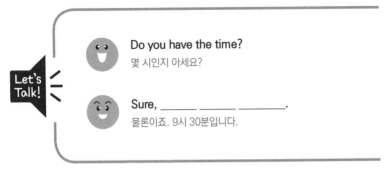

Let's Talk!

Do you have the time?
몇 시인지 아세요?

Sure, _____ _____ _____.
물론이죠. 9시 30분입니다.

Check!

15분은 60분의 1/4이므로 quarter라고 하고 30분은 half라고 쓰기도 해요.

8시 15분은 "It's (a) quarter past eight."이라고 하죠.

8시 30분은 "It's half past eight."이라고 합니다.

또, 몇 분 '전'이라는 표현을 사용하기도 하죠. 이럴 때는 'to'를 사용합니다.

7시 50분은 "It's ten to eight(8시 10분 전입니다)."이라고 하고

6시 55분은 "It's five to seven(7시 5분 전입니다)."이라고 할 수 있어요.

04 날씨

"What's the weather like today?" 아우, 영어 선생님들 정말 날씨 많이 물어보시죠? 거의 매시간 날씨 이야기를 하시는 것 같아요. 그만큼 영어 문화권에서는 날씨 이야기로 말문을 여는 경우가 많다고 생각하면 될 것 같아요. 우리가 알고 있는 cold, hot, raining, snowing 말고 또 다른 날씨 표현에는 뭐가 있을까요? "얼어 죽을 것 같아."는 어떻게 표현할까요? "It's freezing!" 어때요, 입에 착 달라붙죠?

1 오늘 날씨가 어때요?
- What's the weather like today?
- How's the weather today?

2 추워요.
- It's cold.

얼어 죽을 것 같아요.
- It's freezing.

쌀쌀해요.
- It's chilly.

3 해가 나요.
- It's sunny.

따뜻해요.
- It's warm.

더워요.
- It's hot.

4 날씨가 정말 좋아요.
- The weather is so nice.
- The weather is beautiful.

날씨가 평온해요.
- The weather is mild.
- It's a pleasant day.

5 날씨가 안 좋네요.
- The weather is bad.

오늘 날씨가 끔찍하네요.
- The weather is awful today.

6 습해요.
- It's humid.

건조한 날씨예요.
- The weather is dry.

7	비가 옵니다.	• It's raining.
	비가 올 것 같아요.	• It looks like rain. • It's going to rain.
	소나기예요.	• It's a shower.
	천둥과 번개가 쳐요.	• There is thunder and lightening.

8	바람이 불어요.	• The wind is blowing. • It's windy.
	바람이 세요.	• The wind is strong.

9	눈이 와요.	• It's snowing.
	오늘 밤 눈이 올 것으로 예상돼요.	• We are expecting some snow tonight.

10	구름이 꼈어요.	• It's cloudy.
	안개가 꼈어요.	• It's foggy.

Let's Talk!

What's the weather like today?
오늘 날씨 어때?

It's _____ and _____.
덥고 습해.

05 관심사·취미

언어는 달라도 관심사가 같으면 신기할 정도로 의사소통이 잘 되죠. 요즘은 SNS 등의 온라인상에서 외국 친구들과 이야기 나눌 기회도 많은데요, 같은 취미를 가진 친구를 찾으면 영어 실력이 쑥쑥 향상되는 마법을 경험할 수 있을 거예요. "What are you into these days(요즘 너는 뭐에 관심 있어)?"라고 물어보며 친구의 관심사를 알아볼까요?

1	당신의 취미는 무엇인가요?	• What's your hobby? • What do you do for fun?
	당신은 뭘 하는 걸 좋아해요?	• What do you like to do?
	여가 시간을 어떻게 보내요?	• How do you spend your free time?
2	나의 취미는 컴퓨터 게임입니다.	• My hobby is playing on-line games. (playing soccer / swimming / reading books / watching movies / playing chess / drawing)
	저는 TV 보는 것을 좋아해요.	• I like to watch TV.
	저는 요즘 축구에 관심이 많아요.	• I'm into soccer these days.
	저는 여가 시간에 K팝 듣는 것을 좋아해요.	• In my free time, I love listening to K-pop.
3	저는 취미가 없어요.	• I don't have a hobby.
	아직은 취미가 없지만, 농구에 관심은 있어요.	• I don't have a hobby yet but I'm interested in playing basketball.
4	취미를 하나 가져 봐요.	• Take up a hobby.

5 수영 레슨을 받아 보는 것은 어때요?
- How about taking swimming lessons?

저는 일주일에 두 번 수영 레슨을 받아요.
- I have swimming lessons twice a week.

6 요리가 왜 좋아요?
- Why do you like cooking?

7 언제 당신의 취미를 즐기나요?
- When do you enjoy your hobby?

8 언제 저랑 그 게임 같이 해 볼래요?
- Do you want to play the game with me some time?

주말에 저랑 같이 영화 보러 가요.
- Let's catch a movie this weekend.

9 어떤 종류의 영화를 좋아해요?
- What kind of movies do you like?

어떤 장르를 제일 좋아해요?
- What's your favorite genre?

제가 가장 좋아하는 영화 종류는 공포물과 코미디입니다.
- My favorite types of movies are horror and comedy movies.

10 우리의 취미가 같아서 기뻐요.
- I'm glad that we have the same hobby.

우리 둘은 관심사가 비슷해요! • We have similar interests!

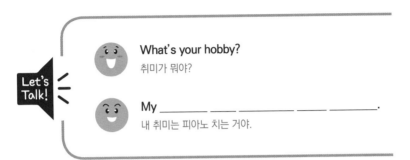

Let's Talk!

What's your hobby?
취미가 뭐야?

My _____ ____ _____ ____ _____.
내 취미는 피아노 치는 거야.

06 좋아하는 것

가장 좋아하는 아이돌 스타를 물어볼 때 "Who is your favorite~ ?"
이라고 많이 표현합니다. 그런데 요즘에는 '최애'라는 말을 많이 쓰
는데 영어로 그냥 favorite라고 하면 조금 밋밋한 느낌적인 느낌이 있
죠? 그럴 때 사용하는 표현이 바로 바로~ bias입니다. 선생님의 최애
는 정국입니다. "My bias is Jungkook."

(※ bias라는 표현은 BTS 때문에 생긴 신조어라서 K-pop에 관심 없는 외국인
은 못 알아들을 수도 있어요. 그나저나 BTS, 정말 대단하죠!)

1 어떤 것을 가장 좋아하나요?
- Which do you like most?
- What is your favorite?

2 무슨 과일을 가장 좋아하나요?
- What is your favorite fruit?

무슨 과목을 가장 좋아하는지 이야기해 줄래요?
- Can you tell me your favorite subject?

3 제가 가장 좋아하는 과일은 수박입니다.
- My favorite fruit is watermelon.

과학이 제가 제일 좋아하는 과목입니다.
- Science is my favorite subject.

4 당신은 왜 그 TV 프로그램을 좋아하나요?
- Why do you like the TV program?

당신은 왜 그 동물을 가장 좋아하나요?
- Why is it your favorite animal?

5 당신을 기분 좋게 만들어 주는 것은 무엇인가요?
- What makes you feel good?
- What are the things that make you feel happy?

6 저를 기분 좋게 만들어 주는 것은 고양이입니다.
- Cats make me feel good.

저를 웃게 해 주기 때문에 TV 보는 것을 좋아해요.
- I like watching TV, because it makes me laugh.

7	가장 좋아하는 색깔 두 개를 고르세요.	• Choose two of your favorite colors.
	좋아하는 맛 세 가지를 고르세요.	• Pick three flavors you like.
8	이것들이 제가 가장 좋아하는 맛 두 가지입니다.	• These are two of my favorite flavors.
	저의 선택은 이것입니다.	• This is my pick.
9	저는 탄산음료를 정말 좋아합니다.	• I love soda. • I really like soda.
10	저의 인생 영화는 아바타입니다.	• My all-time favorite movie is Avatar.

 What is your favorite movie?
넌 가장 좋아하는 영화가 뭐야?

 My _____ _____ ____ Spider Man.
내가 가장 좋아하는 영화는 스파이더맨이야.

매우 좋아하는 것이 딱 하나가 아닐 때도 있죠? 이럴 때는 "**It's one of my favorite ~s**(내가 매우 좋아하는 ~들 중 하나야)."라는 표현을 정말 많이 써요. "It's one of my favorite songs(내가 매우 좋아하는 노래들 중 하나야)." "This is one of my favorite movies(이건 내가 매우 좋아하는 영화들 중 하나야)." 이렇게요!

07 # 하루 일과

지금은 하루 일과가 단순하죠? 집-학교-학원-집, 이렇게 매일 같은
순서대로 진행되는 일상을 daily routine이라고 합니다. 지금 당장은
똑같은 일상이 조금 답답할지도 모르지만 우리 친구들은 현명해서 그
단순함 속에서도 즐거움을 찾아낼 거라 믿어요. 참, 학원을 영어로 뭐
라고 할지 고민스러웠던 적이 있죠? Academy를 많이 쓰지만 정확한
의미로 우리나라 학원과 딱 맞는 단어는 아니라서 그냥 hagwon으로
쓰는 경우도 많아요. 김치를 kimchi라고 하는 것처럼요.

1 저는 보통 7시에 깹니다.
(눈 뜨는 것)
• I usually wake up at seven.

저는 8시에 일어납니다.
(잠자리에서 일어나는 것)
• I get up at eight.

오늘 아침에 늦잠을 잤어요.
• I overslept this morning.

2 아침에 샤워를 합니다.
• I take a shower in the morning.

3 보통 8시 10분에 아침 식사를 합니다.
• I usually eat breakfast at eight ten.

4 오전 8시에 학교로 가요.
• I leave for school at eight a.m.

오늘 학교에 늦었어요.
• I was late for school today.

5 저는 방과 후에 많은 것을 해요.
• I do lots of things after school.

수학(영어) 학원에 갑니다.
• I go to math(English) hagwon.

태권도장에 가요.
• I go to Taekwondo.

화요일마다 미술 수업에 가요.
• I go to art class every Tuesday.

친구들과 놀아요.
• I play with my friends.

피아노 수업을 들어요.
• I have piano lessons.

6 오후 6시에 집에 돌아옵니다.
• I come back home at six p.m.

숙제를 다 하고 한 시간 동안 TV를 봅니다.	• After I do my homework, I watch TV for one hour.

7	오후 7시에 저녁 식사를 합니다.	• I have dinner at seven p.m.
	식사 후 설거지를 합니다.	• I do the dishes after I eat.

8	저녁에 운동을 합니다.	• I exercise in the evening.
	저녁에 개를 산책시킵니다.	• I walk my dog in the evening.

9	목욕하고 양치를 합니다.	• I take a bath and brush my teeth.
	잠옷을 입습니다.	• I put on my pajamas.

10	자러 가기 전에 책을 읽습니다.	• I read a book before I go to bed.
	10시에 잠자리에 듭니다.	• I go to bed at ten p.m.

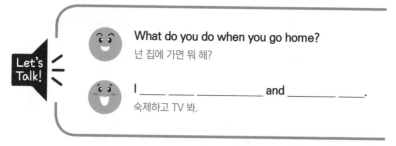

Let's Talk!

What do you do when you go home?
넌 집에 가면 뭐 해?

I ____ ____ _____ and _____ ____.
숙제하고 TV 봐.

answer do, my, homework, watch, TV

08 주말

"What did you do during the weekend?" 월요일이 되면 늘 듣는 질문이죠? 별로 한 일도 없는데 뭘 말해야 하나 고민스럽다고요? 그래도 잘 생각해 보면 주중에는 하지 않는 뭔가 특별한 일을 했을 거예요. 예를 들어 김치볶음밥을 만들어 먹었다면 그것도 멋진 대답이 될 수 있어요. 많은 친구가 뭔가 거창한 답을 해야 한다는 부담감을 느끼는 것 같은데요, 전혀 그럴 필요가 없다고 말해 주고 싶어요. "I cooked kimchi fried rice for my family." 멋진 주말을 보냈군요!

1 지난 주말에 무엇을 했어요? · What did you do last weekend?

주말 어땠어요? · How was your weekend?

2 이번 주말에 무엇을 할 계획인가요? · What are you going to do this weekend?

주말에 계획이 있나요? · Do you have any plans for the weekend?

3 주말에는 보통 무엇을 하나요? · What do you do on weekends?

4 신나는 주말을 보냈어요. · I had a fun weekend.

특별한 주말을 보냈어요. · I had a special weekend.

지루한 주말이었어요. · It was a boring weekend.

별로 특별한 건 안 했어요. · I didn't do anything special.

5 주말에 별 계획이 없어요. · I don't have any plans for the weekend.

6 일요일에는 교회에 가요. · I go to church on Sundays.

7 주말에는 보통 가족과 캠핑을 갑니다. · I usually go camping with my family on weekends.

| 8 | 주말에도 학원을 갑니다. | • I go to hagwons on weekends too. |

| 9 | 주말에는 친구와 놀아요. | • On weekends, I play with my friends. |
| | 친구들을 만나 농구를 합니다. | • I play basketball with my friends. |

| 10 | 늦잠을 자고 휴식을 취합니다. | • I sleep in and take a good rest. |
| | 그냥 집에 있어요. | • I just stay home. |

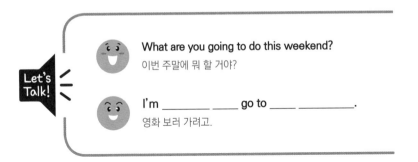

Let's Talk!

What are you going to do this weekend?
이번 주말에 뭐 할 거야?

I'm _____ _____ go to _____ _____.
영화 보러 가려고.

Note   **sleep in** : 늦잠 자다

09 의상

매일 보는 친구지만 친구의 좋은 점을 찾아서 칭찬해 보세요. 서로 기분이 좋아진답니다. 오늘은 친구의 의상을 한번 칭찬해 볼까요? 친구가 입은 재킷이 멋있어 보인다면, 이렇게 말해 보세요. "I like your jacket. It looks good on you!" 친구의 입꼬리가 올라가겠죠?

1 무엇을 입어야 할지 모르겠어요.   • I don't know what to wear.

    입을 것이 없어요.   • I have nothing to wear.

2 오늘 반팔 티셔츠를 입을 거예요.   • I'm going to wear a short sleeve T-shirt today.

3 그 옷 당신한테 잘 어울려요.   • It looks good on you.
                                  • It suits you well.

4 그 옷 당신한테 잘 맞네요.   • It fits you well.

    이 치마는 나에게 잘 안 맞아요.   • This skirt doesn't fit me well.

5 그 코트 멋져요.   • I love your coat.
                      • It's a nice coat.

6 그 바지 어디서 샀어요?   • Where did you get those pants?

7 이 티셔츠는 너무 얇아요.   • This T-shirt is too thin.

    이 후드티는 너무 두꺼워요.   • This hoodie is too thick.

8 그거 당신 모자랑 잘 어울려요.   • It goes well with your hat.

    이거 제 코트랑 잘 어울리나요?   • Does it go well with my coat?

| **9** 저한테 너무 꽉 조여요. | • It's too tight on me. |
| 이거 저한테 너무 헐렁한가요? | • Does this look too baggy for me? |

| **10** 요즘 이게 최신 유행이죠. | • This is the newest style.
• It's the latest fashion trend. |
| 그건 유행이 지난 거예요. | • It's out of fashion. |

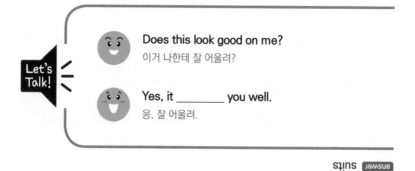

Let's Talk!

Does this look good on me?
이거 나한테 잘 어울려?

Yes, it _____ you well.
응, 잘 어울려.

answer suits

10 자기소개

살면서 자기소개는 수도 없이 하게 됩니다. 그렇다면 언제든 당황하지 않도록 나만의 자기소개서 한 장 정도 미리 준비해 두는 것이 좋겠죠? 영어로 자기소개를 하라고 하면 일단은 "Let me introduce myself."가 자동으로 나오죠? 틀린 표현은 아니지만 무슨 공식처럼 너무 진부해서 이제는 들으면 살짝 '아… 또 이 표현이네.'라는 느낌이 들거든요. 평상시에 가볍게 자기소개를 할 때는 "Let me talk about myself." 정도로 말하면 좋을 것 같아요.

1. 이름
2. 나이 3. 사는 곳
4. 가족 5. 취미

Hi!
My name is Jisu.
I'm 12 years old.

I live in Mokdong.
There are three of
us in my family….

1 제 소개를 해 볼까요?
- Shall I introduce myself?

제 소개를 할게요.
- Let me talk about myself.
- Let me introduce myself.

2 저의 이름은 정소윤입니다.
정은 성이고 이름은 소윤입니다.
- My name is Jeong Soyoon. Jeong is my family name and Soyoon is my first name.

저의 영어 이름은 Ellen입니다.
- My English name is Ellen.

3 저는 15살입니다.
- I'm fifteen years old.
- I'm fifteen.

4 저는 한국인입니다.
- I am Korean.

5 저는 서울 목동에 살아요.
- I live in Mokdong in Seoul.

6 우리 가족은 4인 가족이에요.
- There are four of us in my family.

저는 엄마, 아빠 그리고 오빠와 살아요.
- I live with my mom, dad and older brother.

고양이도 두 마리 있어요.
- I also have two cats.

7 저는 목동중학교에 다닙니다.
- I go to Mokdong Middle School.

저는 목동초등학교를 졸업했습니다.	• I graduated from Mokdong Elementary School.

8

저는 3학년입니다.	• I'm in the third grade.
저는 6반입니다.	• I'm in class six.

9

저는 유튜브 보는 것을 좋아합니다.	• I like to watch Youtube.
저는 태권도를 잘합니다.	• I'm good at Taekwondo.
저의 취미는 축구입니다.	• My hobby is playing soccer.

10

저는 의사가 되고 싶습니다.	• I want to become a doctor.
저는 가수가 되고 싶어요.	• I want to be a singer.
저의 꿈은 선생님이 되는 거예요.	• My dream is to be a teacher.
저는 크리에이터가 되는 것에 관심이 있습니다.	• I'm interested in becoming a content creator.

Let's Talk!

 Did we go to the same school?
우리 같은 학교 나왔어?

 I don't think so. I _____ _____ Mokdong Elementary School.
아닐걸. 난 목동초를 졸업했어.

1	넌 어느 초등학교 졸업했어? Which elementary school did you graduate from?
2	몇 반이야? Which class are you in?
3	몇 학년이야? What grade are you in?
4	우리 같은 반이야. We are in the same class.
5	너희 담임선생님은 누구셔? Who is your homeroom teacher?
6	너 이번 주말에 뭐 해? What are you doing this weekend?
7	학교 끝나고 뭐 해? What do you do after school?
8	너 영어 숙제 했어? Did you do your English homework?
9	숙제가 뭐였어? What was the homework?
10	내가 기다려 줄까? Do you want me to wait for you?

11	교문에서 기다릴게. I'll wait for you at the school gate.
12	넌 어디 살아? Where do you live?
13	넌 학교에 어떻게 와? How do you come to school?
14	학교에 같이 가자. Let's go to school together.
15	너랑 같이 가도 돼? Can I come with you?
16	형제나 자매 있어? Do you have brothers or sisters?
17	그거 내가 빌려줄 수 있어. I can lend it to you.
18	그거 나 좀 빌려도 될까? Can I borrow it please?
19	너 그 게임 해? Do you play that game?
20	네가 제일 좋아하는 가수가 누구야? Who is your favorite singer?

알아 두면 유용한 **인기 영어 이름 Top 100**

가끔은 영어 이름이 필요하기도 해요. 나에게 맞는 영어 이름을 골라 볼까요?

	GIRLS	BOYS
1	Olivia	Noah
2	Emma	Liam
3	Isabella	Oliver
4	Charlotte	Elijah
5	Ava	Lucas
6	Amelia	Mateo
7	Luna	James
8	Sophia	Leo
9	Lily	Ethan
10	Mia	Aiden
11	Aurora	Asher
12	Harper	Luca
13	Aria	Theo
14	Grace	Jack
15	Ellie	Jayden
16	Violet	Mason
17	Evelyn	Logan
18	Ella	Luke
19	Sofia	Michael
20	Abigail	Benjamin
21	Elena	Ezra
22	Maya	William

	GIRLS	BOYS
23	Nova	Daniel
24	Chloe	Henry
25	Victoria	Levi
26	Hazel	Kai
27	Ivy	Carter
28	Layla	Elias
29	Willow	Sebastian
30	Athena	Waylon
31	Gianna	Jackson
32	Isla	Maverick
33	Emily	Hudson
34	Zoey	Julian
35	Elizabeth	Samuel
36	Avery	Thomas
37	Scarlett	Gabriel
38	Gabriella	Alexander
39	Nora	David
40	Delilah	Muhammad
41	Hannah	Adam
42	Emilia	Josiah
43	Madison	Nathan
44	Mila	Grayson

	GIRLS	BOYS			GIRLS	BOYS
45	Penelope	Greyson		73	Aubrey	Andrew
46	Zoe	John		74	Faith	Caleb
47	Aaliyah	Owen		75	Madelyn	Cooper
48	Kinsley	Matthew		76	Parker	Dominic
49	Paisley	Isaiah		77	Riley	Lincoln
50	Eliana	Wyatt		78	Camila	Rowan
51	Iris	Atlas		79	Daisy	Weston
52	Lucy	Jacob		80	Jasmine	Aaron
53	Savannah	Joseph		81	Kehlani	Colton
54	Autumn	Micah		82	Naomi	Dylan
55	Eva	Anthony		83	Amaya	Eli
56	Serenity	Jaxon		84	Clara	Giovanni
57	Sophie	Ryder		85	Hailey	Jameson
58	Addison	Cameron		86	Oakley	Kayden
59	Ayla	Kingston		87	Sarah	King
60	Leah	Milo		88	Ariella	Matteo
61	Leilani	Jeremiah		89	Bella	Xavier
62	Maria	Theodore		90	Freya	Finn
63	Valentina	Charlie		91	Ariana	Hunter
64	Jade	Christopher		92	Charlie	Nolan
65	Josie	Enzo		93	Eden	Silas
66	Nevaeh	Ace		94	Lydia	Zion
67	Brooklyn	Adrian		95	Melody	Ali
68	Eleanor	Austin		96	Myla	Ian
69	Amara	Ezekiel		97	Princess	Landon
70	Audrey	Isaac		98	Quinn	Miles
71	Adalynn	Joshua		99	Sienna	Parker
72	Alice	Amir		100	Arya	Bennett

출처: https://www.babycenter.com (Top 100 baby names of 2023)

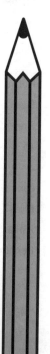

Chapter 2
수업 시간

이것만 알면 나도 영어 수업 시간에 인싸~!

Do you have anything to say?

Um··· Um···
Can I speak in Korean?

아··· 영어로 말하고 싶다.

01 책 꺼내기·진도 확인

"**Where were we last time?**" 왜 선생님은 매번 "지난 시간에 어디까지 했죠?"라고 물어보실까요? 선생님의 기억력이 가물가물해서요? 물론 그런 분도 계시겠지만(찔리는 1인^^;) 사실은 여러분이 수업에 더 관심을 가졌으면 하는 마음에서 질문하시는 걸 거예요. 어디할 차례인지 정확하게 알려 주는 학생이 얼마나 고맙던지요.

1	교과서가 필요한가요?	• Do we need the text book?
	어떤 책이 필요한가요?	• Which book do I need?
2	책을 꺼낼까요?	• Shall I take out the book?
3	책을 잃어버렸어요.	• I lost the book.
	책을 집에 두고 왔어요.	• I left the book at home.
	제 책이 어디에 있는지 모르겠어요.	• I don't know where my book is.
4	사물함에서 책을 가지고 와도 될까요?	• Can I bring my book from the cabinet?
5	책을 친구에게 빌려줬어요.	• I lent my book to my friend.
	친구한테 책을 빌렸어요.	• I borrowed the book from my friend.
6	몇 쪽인가요?	• Which page are we on?
	우리 어디 읽고 있어요?	• Where are we reading?
7	70페이지 하고 있어요.	• We are on page seventy.

8 우리 지난 시간에 3과 끝냈어요. · We finished lesson three last time.

9 지난주에 전기에 대해서 배웠어요. · We learned about electricity last week.

10 오늘 다음 과로 넘어갈 거라고 말씀하셨어요. · You said we will move on to the next lesson today.

Let's Talk!

Where did we leave off last time?
우리 지난 시간에 어디서 멈췄죠?

We _____ _____ page fifty.
저희 50페이지 하고 있어요.

02 숙제

'숙제하다'는 동사가 따로 없어서 **do one's homework**로 표현해요. 여기서 one's는 my, your, his, her, our, their 등의 소유격을 의미합니다. 그리고 또 하나! Homework는 셀 수 없는 명사예요. 그래서 숙제가 많다고 할 때는 "I have many homeworks."가 아니고 "**I have a lot of homework.**"라고 해요.

1 숙제가 있어요?
· Do we have homework?

숙제가 있었어요?
· Did we have homework?

2 숙제가 뭐예요?
· What's the homework?

숙제가 뭐였어요?
· What was the homework?

3 숙제 검사를 해 주세요.
· Please check my homework.

숙제 검사 안 하실 거예요?
· Aren't you going to check our homework?

4 숙제를 깜빡했어요.
· I forgot my homework.

숙제 갖고 오는 것을 잊어버렸어요.
· I forgot to bring my homework.

집에 두고 왔어요.
· I left it at home.

5 숙제를 내일 내도 될까요?
· Can I hand in my homework tomorrow?

6 숙제가 너무 많아요.
· I have too much homework.

7 숙제가 있는 줄 몰랐어요.
· I didn't know there was homework.

| 숙제가 뭔지 몰랐어요. | • I didn't know what the homework was. |

| 8 | 숙제할 시간이 없었어요. | • I had no time to do my homework. |

| 숙제를 다 못 했어요. | • I haven't finished my homework. |

| 9 | 저 숙제 제출했어요. | • I turned in my homework. |

| 저 진짜 숙제 다 했어요. | • I really did my homework. |

| 10 | 숙제 언제까지예요? | • When is the homework due? |

| 제출기한이 언제까지예요? | • When is the deadline? |

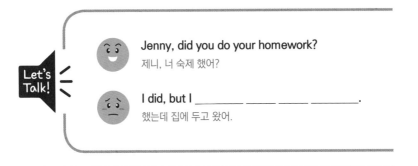

Let's Talk!

Jenny, did you do your homework?
제니, 너 숙제 했어?

I did, but I _____ _____ _____ _____.
했는데 집에 두고 왔어.

Note | hand in = turn in = submit : 제출하다

03 준비물

"선생님, 내일 준비물 있어요?" 개인적으로 준비해서 학교에 가지고 가야 하는 물건이 종종 있죠? 그런데 영어에는 준비물이라는 단어가 따로 없어요. school supplies라는 단어가 있긴 한데, 이 단어는 우리가 흔히 말하는 준비물이 아니고 학교에서 사용하는 학용품을 의미하거든요. 그렇다면 준비물은 어떻게 지칭해야 할까요? things I need 또는 things I have to prepare 정도로 표현하면 돼요.

Mr. Kim, what is 준비물 in English?

Um… ready water?

(아재쌤)

1 내일 준비물이 있나요?
- Are there things to prepare for tomorrow?

2 준비물이 무엇인가요?
- What are the things I need?

저 내일 뭘 가지고 와야 하나요?
- What do I need to bring tomorrow?

3 사인펜을 가지고 와야 하나요?
- Do we need to bring felt-tip pens?

4 색연필 갖고 오는 것을 깜빡했어요.
- I forgot to bring my colored pencils.

5 이야기책을 가지고 와야 하는 줄 몰랐어요.
- I didn't know I was supposed to bring a storybook.

가족사진을 가지고 왔어야 하는 건가요?
- Was I supposed to bring a family picture?

6 일기장 갖고 왔어요? 선생님이 오늘 갖고 오라고 하셨어요.
- Did you bring your diary? Our teacher told us to bring it today.

7 붓 하나만 빌릴 수 있어요?
- Can I borrow one of your brushes?

가위 좀 빌려줄 수 있어요?	• Can you lend me your scissors please?

8 교실에 줄넘기를 두고 왔어요. • I left my jump rope in the classroom.

9 교실에 가서 리코더를 가지고 와도 될까요? • Can I go to the classroom and bring my recorder?

10 수업에 스마트폰을 사용할 건가요? • Are we going to use our smartphones in class?

What ____ ____ _____ ____ _____ **tomorrow?**
우리 내일 뭐 가지고 와야 해?

We need to bring a book to read.
읽을 책을 가지고 와야 해.

 Check!

사인펜(sign pen)이 당연히 맞는 말이라고 생각하고 원어민과 대화하면서 의심 없이 사용하면 상대방이 못 알아듣는 불상사가 발생하기도 해요. 사인펜을 미국이나 영국에서는 **felt-tip pen**이라고 합니다. 펜 끝이 펠트(모직 등의 두꺼운 천)로 만들어져서 붙은 이름이에요. 그리고 그렸을 때 선이 좀 굵게 나오는 것은 **marker**라고 해요. 마커는 우리한테도 익숙한 단어죠?

answer do, we, need, to, bring

04 읽기

영어를 잘하는 비결 딱 두 가지를 꼽으라면 선생님은 읽기와 일기라고 말하고 싶어요. 읽을 때 원어민의 발음도 들어 보고, 소리 내서 읽어도 보면 읽기(reading)뿐 아니라 듣기(listening)와 말하기(speaking)까지 함께 향상될 수 있어요. 그리고 일기 쓰기는 쓰기(writing) 실력 향상에 어마어마한 효과가 있어요. 선생님이 학생 때 직접 경험하고 성공한 학습법이라 그 효과는 장담합니다. 매일 영어 책 읽기, 오늘부터 시작해 볼까요?

1 큰 소리로 읽어요?　　　　　• Shall I read it aloud?

2 몇 번 읽어요?　　　　　　　• How many times do I read it?

　　세 번 읽었어요.　　　　　　• I have read it three times.
　　　　　　　　　　　　　　　(※ 과거분사형 read로 발음 주의하세요.)

3 글이 이해가 안 돼요.　　　　• I can't understand the story.

4 한 번만 더 읽어 주실 수　　　• Could you read it one more
　　있으세요?　　　　　　　　　 time?

5 제가 읽어 보겠습니다.　　　　• I'll read it.

　　제가 읽을 차례입니다.　　　　• It's my turn to read.

6 아직 다 못 읽었어요.　　　　• I haven't finished reading it yet.

　　아직 안 읽었어요.　　　　　• I haven't read it yet.
　　　　　　　　　　　　　　　(※ 과거분사형 read로 발음 주의하세요.)

7 외워야 하나요?　　　　　　• Do I have to memorize it?

8 이 단어는 무슨 뜻인가요?　　• What does this word mean?

　　이 표현의 의미를 모르겠어요.　• I don't know what this
　　　　　　　　　　　　　　　 expression means.

9	이 단어는 어떻게 발음하나요?	• How do I pronounce this word?

10	죄송해요, 못 읽겠어요.	• I'm sorry, I can't read it.
	저에게 너무 어려워요.	• It's too difficult for me.

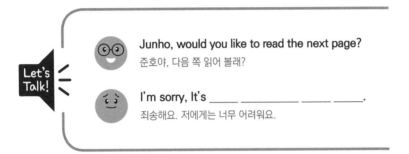

Let's Talk!

Junho, would you like to read the next page?
준호야, 다음 쪽 읽어 볼래?

I'm sorry, It's ____ _____ ____ ____.
죄송해요. 저에게는 너무 어려워요.

05 쓰기

앞서 이야기했다시피 쓰기 실력을 키우는 방법 중 최고봉은 역시 일기 쓰기 같아요. 선생님도 어릴 적에 'Dear Diary'로 시작하는 일기를 엄청 많이 썼어요. 그래서 writing을 단기간에 잘하게 되었다는 깨알 같은 자랑을 해 봅니다. 여러분도 일기 쓰기로 writing의 고수가 되었다는 깨알 자랑 많이 해 주세요!

Dear Diary,
Today,
I played chess with Hyunjae.
At first, I was winning but
I made a big mistake.
In the end, Hyunjae won.
Next time, I will win!

1	주제가 무엇인가요?	• What is the topic?
2	아직 다 못 썼어요.	• I haven't finished writing yet.
	아직 쓰고 있어요.	• I'm still writing.
3	다 썼어요.	• I have finished writing.
4	뭘 써야 할지 모르겠어요.	• I don't know what to write.
5	'beautiful' 철자를 모르겠어요.	• I don't know how to spell 'beautiful'.
6	제 글의 제목은 '두부는 고양이'입니다.	• The title of my writing is 'Tofu the Cat'.
7	몇 문장을 쓰면 되나요?	• How many sentences should I write?
	몇 줄 써야 해요?	• How many lines do I have to write?
8	어디에다가 쓸까요?	• Where should I write it?
9	처음부터 다시 써야겠어요.	• I think I should write it all over again.
	다시 쓰려고 해요.	• I'm going to rewrite it.

10 조금 고쳐야 해요. • I have to make some changes.

실수를 고쳐야 할 것 같아요. • I need to correct some mistakes.

Now, write about your weekend.
자, 여러분의 주말에 대해서 글을 써 보세요.

I don't know _____ _____ _____.
뭘 써야 할지 모르겠어요.

Check!

일기를 쓸 때는 욕심 부리지 말아요. 하루에 서너 문장만 써도 돼요. 매일 반복되는
내용을 여러 문장으로 쓰는 것보다 새로운 내용 한 문장을 쓰는 편이 더 좋아요.
그날 학습했던 새로운 단어나 표현을 하나씩 써먹는다면 금상첨화죠!

answer what, to, write

듣기

영어로 말할 때 꼭 원어민처럼 발음할 필요는 없다고 생각해요. 가장 중요한 것은 의사소통이기 때문이지요. 하지만 같은 값이면 다홍치마라고 최대한 원어민과 비슷하게 발음하고 싶은 친구들도 있죠? 그럴 때 정말 유용한 방법이 섀도잉(shadowing)이에요. 원어민의 말을 들으면서 동시에 똑같이 따라서 말하는 방법이에요. 마치 그림자(shadow)처럼요! 그렇게 하다 보면 발음과 억양이 원어민처럼 자연스러워진답니다.

1	잘 못 들었어요.	• I didn't catch that.
2	볼륨을 좀 키워 주시겠어요?	• Could you please turn up the volume?
	소리가 너무 작아요.	• The sound is too low.
3	볼륨을 줄여 주세요.	• Please turn down the volume.
	소리가 너무 커요.	• The sound is too loud.
4	한 번만 더 틀어 주세요.	• Please play it one more time.
	한 번만 더 들을 수 있을까요?	• Can I listen to it one more time?
5	다시 듣고 싶어요.	• I want to listen to it again.
6	몇 번 들을까요?	• How many times should I listen to it?
7	저 그거 세 번 들었어요.	• I listened to it three times.
8	여자가 뭐라고 하는지 모르겠어요.	• I can't understand what the woman is saying.
9	마지막 부분을 놓쳤어요.	• I missed the last part.

10 죄송해요. 뭐라고 하셨죠? • Sorry, what did you say?

한 번만 더 말씀해 주실 수 • Could you repeat that?
있으세요?

Did you listen carefully?
잘 들었나요?

I _____ _____ _____ _____.
마지막 부분을 놓쳤어요.

07 말하기

사실 말하기를 잘해야 진짜 영어를 잘하는 거라고 생각해요. 그런데 우리 친구들은 읽기나, 문제 풀기는 잘하는데 말하기를 어려워해요. 자꾸 말을 해야 말하기 실력도 늘어요. 틀려도 괜찮아요. 영어가 우리나라 말이 아니니까 틀리는 게 자연스러운 거죠. 자신감 있게 큰 소리로 이야기하다 보면 어느 순간 원어민과 자유자재로 의사소통하는 여러분의 모습을 발견할 수 있을 거예요.

1	영어로 말하기가 쉽지 않아요.	• It's not easy to speak English.
	영어로 말하는 것을 잘 못해요.	• I'm not good at speaking English.
2	당신은 영어를 참 잘하네요.	• You speak English very well.
3	영어로 유창하게 말하고 싶어요.	• I want to speak English fluently.
4	원어민 선생님과 이야기하고 싶어요.	• I want to talk with our native English teacher.
	저는 영어로 말하는 것을 좋아해요.	• I like to talk in English.
5	무엇을 말해야 할지 모르겠어요.	• I don't know what to talk about.
	우리 뭐에 관해서 이야기할까요?	• What shall we talk about?
6	친구한테 말하고 있었어요.	• I was talking to my friend.
7	통화하고 있어요.	• I'm talking on the phone.
8	천천히 말해 주세요.	• Please speak slowly.
9	저기요, 제가 말하고 있잖아요.	• Excuse me, I'm talking.

10 말대답하지 마세요.   • Don't talk back.

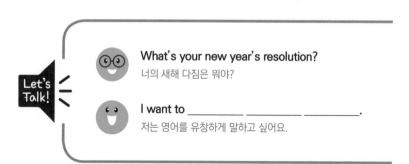

What's your new year's resolution?
너의 새해 다짐은 뭐야?

I want to _____ _____ _____.
저는 영어를 유창하게 말하고 싶어요.

08 # 시험·성적

말만 들어도 떨리는 그 이름 시험! 쪽지 시험, 단원평가, 중간고사, 기말고사 등 시험 종류도 어찌나 많은지요. 이 많은 시험 명칭을 영어로 뭐라고 하는지 궁금하죠? 크게 세 가지로 구분해 볼게요.

수업 시작이나 끝에 가볍게 치는 쪽지 시험은 quiz, 단원평가, 말하기 시험이나 쓰기 시험 등 쪽지 시험보다는 조금 더 무게가 있는 대부분의 시험은 test라고 해요. 마지막으로 굉장히 형식적인, 엄격한 시험은 exam이라고 하는데 여기에는 중간고사, 기말고사, 입학시험 등이 있어요.

1	내일 시험이 있어요.	• I have a test tomorrow.
2	시험 범위가 어디서부터 어디까지인가요?	• What does the test cover?
3	시험이 어렵나요?	• Is the test difficult?
	시험은 쉬웠어요.	• The quiz was easy.
4	시험공부를 열심히 했어요.	• I studied hard for the exam.
	시험공부를 많이 못 했어요.	• I didn't study much for the exam.
5	오늘 시험이 있는 줄 몰랐어요.	• I didn't know we had a test today.
6	소윤이는 시험을 보고 있어요.	• Soyoon is taking a test.
	어제 기말고사를 봤어요.	• I took the final exam yesterday.
7	1번 문제 답이 뭐예요?	• What is the answer to question number 1?
8	저 몇 점이에요?	• What's my score?
	저 성적이 어떻게 돼요?	• What's my grade?
	저는 성적을 더 올리고 싶어요.	• I want to get better grades.

9 결과는 언제 나오나요?	• When do I get the results?

10 내일 성적표 받아요.	• I'll receive my report card tomorrow.

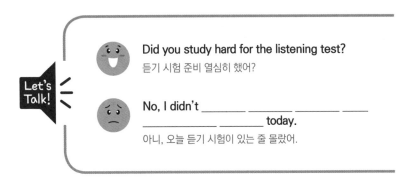

09 공부

요즘 스터디카페(Study Cafe)가 인기죠? 초등학생부터 할머니, 할아버지까지 많은 사람이 스터디카페에서 '열공'을 하고 있는데요, 영어 단어니까 왠지 미국에서 온 말인 것 같죠? 그런데 미국에는 스터디카페가 없다는 사실! 미국 학생들은 도서관에서 공부를 많이 한답니다. 공부를 할 수 있는 공간이 도서관에 많이 준비되어 있거든요. 참! '열공하다'라는 표현은 영어로 뭘까요? hit the books랍니다. 책을 때리다니요! 참 재밌는 표현이죠?

1 저는 하루에 약 여섯 시간 공부해요. • I study for about six hours a day.

2 당신은 어디서 공부하나요? • Where do you study?

3 저는 도서관에서 공부해요. • I study at the library.

4 저는 공부를 잘하지 못해요. • I have bad grades.

저는 공부를 더 잘하고 싶어요. • I want to do better in school.

5 저는 이번 주말에 공부해야 해요. • I have to study this weekend.

6 저는 공부를 왜 해야 하는지 모르겠어요. • I don't know why I should study.

저는 공부하는 방법을 잘 모르겠어요. • I don't know how to study well.

7 저는 혼자 공부하는 것을 좋아해요. • I prefer to study alone.

저는 친구와 공부하는 것이 좋아요. • I like to study with my friends.

8 저는 집에서 집중이 잘돼요. • I can concentrate better at home.

9 저는 공부하는 것이 재미있어요. • I enjoy studying.

| 10 | 저는 조금 더 공부를 해야 할 것 같아요. | • I think I need to study more. |

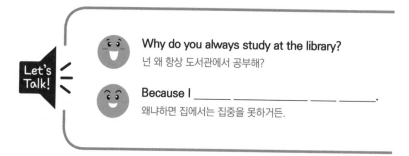

Let's Talk!

Why do you always study at the library?
넌 왜 항상 도서관에서 공부해?

Because I _____ _____ ____ _____.
왜냐하면 집에서는 집중을 못하거든.

10 질문·이해

이해가 안 될 때 **"I don't understand."**라는 표현을 많이 쓰죠. 그것만큼이나 많이 사용하는 표현이 **"I don't get it."**입니다. 또 하나 재미있는 표현이 있는데 **"It's all Greek to me."**예요. 그리스어를 의미하는 Greek은 참 어려운 언어로 느껴지나 봐요. 그래서 하나도 모르겠다고 할 때 나한테는 그리스어만큼이나 어려워서 전혀 모르겠다는 식으로 표현합니다. 우리도 이해하기 어려운 글을 보면 '외계어' 같다고 하기도 하죠? *&@$#^*&^%$#(!

1 질문이 있어요.
- I have a question.
- I have some questions.
  (질문이 여러 개일 때)

뭐 하나 물어봐도 되나요?
- Can I ask you something?

2 질문이 있나요?
- Do you have a question?
- Do you have any questions?
  (질문의 개수와 상관없이)

3 당신에게 질문해도 되나요?
- May I ask you a question?

물론이죠. 질문하세요.
- Sure, go ahead.

4 원하면 질문을 해도 괜찮아요.
- You can ask questions if you want.

5 이해가 안 돼요.
- I don't get it.
- I don't understand.

6 이해 못 했어요.
- I didn't catch that.
- I didn't quite get that.

뭐라고 말했는지 이해 못 했어요.
- I'm not following you.

7 이해하기 너무 어려워요.
- It's too difficult to understand.

8	도움이 필요해요.	• I need some help.
	도와주세요.	• Please help me.

9	설명을 좀 해 주세요.	• Please explain it to me.

10	한국어로 번역해 주시겠어요?	• Could you translate it into Korean?

 Did you like the movie?
동영상 재미있었어요?

 Yes, but there is something that _____ _____ _____.
네, 그런데 이해가 안 되는 것이 있어요.

영어 수업에서 살아남는 생존 표현 Top 10

1	죄송해요. 늦었어요.	I'm sorry, I'm late.
2	집에 두고 왔어요.	I left it at home.
3	다시 한번 말씀해 주실 수 있으세요?	Could you please say it again?
4	그걸 영어로 뭐라고 해야 하는지 모르겠어요.	I don't know how to say it in English.
5	이건 우리말로 뭐라고 해요?	What's this in Korean?
6	화장실 가도 될까요?	May I go to the restroom?
7	가서 물을 좀 마시고 와도 될까요?	May I go and drink some water?
8	이제 가도 될까요?	May I leave now?
9	천천히 말씀해 주세요.	Please talk slowly.
10	도움이 필요해요.	I need some help.

 Check!

영어에는 우리말처럼 높임말이 없지만, 예의 바른 말은 분명히 존재해요. 명령, 요청, 또는 부탁할 때, 혹은 허락을 구할 때 please를 붙이면 부드럽고 예의 바른 표현이 됩니다. 또한 can보다는 could나 may를 사용하면 더 공손한 느낌을 줄 수 있어요.

알아 두면 유용한 **문구류 명칭**

문구류 **stationery**	붓 **paint brush**	각도기 **protractor**
연필 **pencil**	물감 **paint**	스테이플러 **stapler**
샤프 **mechanical pencil**	지우개 **eraser**	타공기 / 펀칭기 **puncher**
샤프심 **mechanical pencil lead**	필통 **pencil case**	계산기 **calculator**
볼펜 **ballpoint (pen)**	연필깎이 **pencil sharpener**	점착식 메모지 **sticky notes**
만년필 **fountain pen**	수정테이프 **correction tape**	공책 **notebook**
색연필 **colored pencil**	수정펜 **correction pen**	클립 **paper clip**
사인펜 **felt-tip pen**	풀 **glue**	(종이를 집는) 집게 **bulldog clip**
젤펜 **gel pen**	딱풀 **glue stick**	커터 칼 **cutter**
마커 **marker**	가위 **scissors**	커터 칼날 **cutter blade**
네임펜 **permanent marker**	자 **ruler**	투명테이프 **sticky tape (Scotch tape)**
형광펜 **highlighter (pen)**	컴퍼스 **compass**	자석 **magnet**

Chapter 3
감정 표현

1 기분·컨디션	2 기쁨·만족· 사랑·감사	3 슬픔·우울·고통
4 걱정·초조· 스트레스·두려움	5 화·짜증·미움	6 신남·놀라움· 기대·실망
7 위로·격려·지지	8 질투·무시·창피	9 진정·안도· 지루함·피곤함
10 의심·죄책감· 미안함·용서	알아 두면 유용한 감정을 표현하는 어휘	조언이나 충고할 때, 주의 줄 때 하는 말

마음속에서 펼쳐지는 온갖 감정,
이럴 땐 이렇게 표현해 봐요

Are you angry?

No! I'm happy.
It's just my face.

원래 내 얼굴이
이런 건데…

기분·컨디션

건강 상태를 물을 때 "오늘 컨디션 어때?"라는 말, 많이 사용하죠? 그런데 그 말 그대로 영어로 옮겨서 "How's your condition today?"라고 미국인에게 물어보면 잘 이해를 못 해요. 무엇을 말하고자 하는지는 알아듣겠지만, 굉장히 어색한 표현이거든요. 컨디션이 어떤지 물어보려면 "How do you feel today?"라고 말하는 것이 좋아요.

1 컨디션이 어때요?
(기분이 어때요?)

- How are you feeling?
- How do you feel?

2 좋아요.

- I feel great.
- I'm good.
- Very well.

3 나쁘지 않아요.

- Not bad.
- So so.

4 별로예요.

- I could be better.

5 그럭저럭 버티고 있어요.

- I'm hanging in there.

6 컨디션(몸)이 안 좋아 보여요.

- You don't look good.
- You don't look well.

7 괜찮으세요?

- Are you okay?

(안 좋아 보이는데) 무슨 일이에요?

- What's the matter?

8 컨디션(몸)이 안 좋아요.

- I'm not feeling well.
- I don't feel well.
- I feel under the weather.
- I don't feel good.

Note   **under the weather** : 몸이 안 좋은

9 아파요.   • I'm sick.

10 오늘 어땠어요?   • How was today?

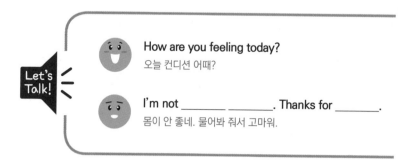

How are you feeling today?
오늘 컨디션 어때?

I'm not _____ _____. Thanks for _____.
몸이 안 좋네. 물어봐 줘서 고마워.

✓ Check!

상대방이 나의 기분이나 컨디션을 챙겨 주면 고마운 일이죠. 물어봐 줘서 고맙다는 말
한마디 하면 나 또한 그 사람에게 좋은 사람이 될 수 있지 않을까요? 큰 소리로 말해
봅시다! "Thanks for asking(물어봐 줘서 고마워). How about you(당신은 어때요)?"

02 기쁨·만족·사랑·감사

쌤, 사랑해요! 엄마, 사랑해요! 그 한마디에 선생님은 온종일 기분이 좋아요. 여러분도 마찬가지죠? 그런데 기쁨이나 사랑의 감정은 표현하지 않으면 상대방이 잘 모를 때가 많아요. 말로 꼭 표현해서 상대방도 기쁘게 만들어 주자고요! 사랑을 많이 주고 또 많이 받는 여러분이 되길 바라요. I love you so much!

1 행복해요.
- I'm happy.
- I feel happy.

2 그것은 나를 행복하게 해 줘요.
- It makes me happy.
- It gives me joy.

3 너무너무 행복해요.
- I couldn't be happier.
- I'm on cloud nine.

4 기뻐요.
- I'm pleased.
- I'm glad.
- I'm delighted.

5 만족해요.
- I'm satisfied.

결과에 만족해요.
- I'm satisfied with the result.

제 그림에 만족해요.
- I'm pleased with my drawing.

6 사랑해요.
- I love you.
- I adore you.

당신은 저에게 매우 소중해요.
- You mean a lot to me.

7 나는 그와 사랑에 빠졌어요.
- I'm in love with him.

Note | **on cloud nine** : 더없이 행복한

8 당신을 좋아해요.
- I'm fond of you.
- I care for you.
- I care about you.
- I like you so much.

9 감사합니다.
- Thank you.
- Thanks.
- I appreciate it.

10 정말 감사해요.
- Thanks a million.
- Thanks a lot.
- I can't thank you enough.
- I don't know how to thank you.

Let's Talk!

 I love your painting.
네 그림 멋지다.

 Thanks, I'm _____ _____ it too.
고마워. 나도 만족해.

Check!

누군가가 "Thank you."라고 하면 "You are welcome(천만에요)."이라고 하죠? 그런데 매번 같은 말을 하니까 말하는 사람도 참 재미없어요. 이럴 때 사용할 수 있는 다른 표현 몇 가지를 알아 두었다가 골라 가며 써 봅시다.

"It's my pleasure." / "My pleasure(도움이 되어서 기쁩니다)." "Don't mention it (별말씀을요)." "It's nothing(아무것도 아닌데요, 뭘)." "Anytime(언제든지요! 괜찮아요)."

answer satisfied(pleased), with

03 슬픔·우울·고통

지금 long face인 친구들 있죠? 아, 긴 얼굴 아니고요! 슬프거나 우울한 얼굴을 long face라고 합니다. 슬픔은 나누면 반이 된대요. 슬프고 우울할 때 혼자 낑낑대지 말고 꼭 가족이나 친구들에게 알려서 위로도 받고 도움과 조언도 얻으세요. 그러면 의외로 쉽게 문제가 해결되기도 해요. 힘이 되는 글귀 하나 투척합니다. **Everything has an end**(모든 일에는 끝이 있다). **This too shall pass**(이 또한 지나가리라).

1 슬퍼요.
- I feel sad.
- I feel sorrow.

2 행복하지 않아요.
- I'm unhappy.

3 우울해요.
- I feel down.
- I feel low.
- I feel blue.
- I feel gloomy.

4 우울해요.
(심각한 정도)
- I feel depressed.
- I'm depressed.

5 비참해요.
- I feel miserable.

6 좌절했어요.
- I'm frustrated.

7 고통스러워요.
- I'm in pain.
- It is painful.
- It's hurting me.

8 괴로워요.
- I feel distressed.
- I feel awful.

9 힘들어 죽을 것 같아요.
- It's killing me.

10 왜 우울한 표정이야?
- Why the long face?

 You look blue today.
너 오늘 우울해 보인다.

 I broke up with my boy friend. It's so _____.
남자친구랑 헤어졌어. 너무 고통스러워.

04 걱정·초조·스트레스·두려움

내가 발표할 차례가 다가오고 있다, 시험이 내일이다. 아 떨려~. 너무 긴장되죠. 이럴 때 자주 사용하는 재미있는 표현이 있어요. **I have butterflies in my stomach.** 뱃속에서 나비가 팔랑팔랑 날갯짓을 하고 있는 것처럼 속이 울렁울렁~. 아, 상상만 해도 떨리네요.

1 걱정돼요.	• I'm worried.
당신이 걱정돼요.	• I'm concerned about you.
2 불안해요.	• I'm nervous. • I feel nervous.
3 초조해요.	• I'm anxious.
4 조바심이 나요.	• I feel impatient.
5 스트레스 받았어요.	• I'm stressed. • I'm stressed out. • I'm under a lot of stress. • I'm under a lot of pressure.
6 완전히 지친(번아웃) 상태예요.	• I'm burned out.
7 무서워요.	• I'm scared. • I'm frightened. • I'm afraid. • I'm terrified.
뱀이 무서워요.	• I'm scared (frightened / afraid / terrified) of snakes.
8 공포스러워요.	• I'm horrified.

그건 공포스러워요.	• It is horrifying.
9 저 지금 겁에 질렸어요. (패닉 상태예요.)	• I'm panicking.
10 떨고 있어요.	• I'm shaking. • I'm shivering. • I'm trembling.

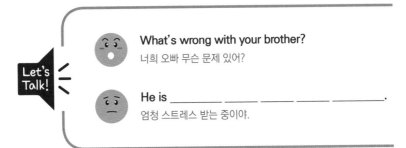

What's wrong with your brother?
너희 오빠 무슨 문제 있어?

He is _____ _____ _____ _____ _____.
엄청 스트레스 받는 중이야.

05 화·짜증·미움

화를 참으면 화병이 날 수도 있어요. 이유 없이 화를 내면 안 되지만 그럴 만한 상황에서는 화를 내는 게 정신 건강을 위해 필요해요. 상대에게 내가 화났다는 것을 알리고 그 이유를 밝혀서 상대가 앞으로는 조심할 수 있게 해 보세요. 그렇다고 너무 자주 버럭버럭하지는 말고요. 참, 화병(울화병)은 영어로 뭐라고 할까요? 정답은 Hwa-byung입니다. 외국의 의학 사전에도 이렇게 올라가 있다고 하네요.

1 당신은 나를 화나게 하네요.	• You make me angry.	

2 화가 났어요.	• I'm angry.	
	• I'm mad.	
	• I'm furious.	

3 짜증이 나요.	• I'm irritated.	
	• I'm annoyed.	
당신 정말 짜증 나요.	• You are so irritating.	
	• You are so annoying.	

4 나를 짜증 나게 하지 마세요.	• Don't irritate me.	
	• Don't bother me.	
	• Don't annoy me.	

5 당신은 나를 귀찮게 하고 있어요.	• You are bothering me.	
	• You are annoying me.	

6 나한테 화났어요?	• Are you mad at me?	

7 그만해요!	• Stop it!	
(더 이상 못 참아요.)	• That's it!	
	• Enough!	
	• I've had enough!	

8 나 폭발할 것 같아요.	• I'm going to lose it.	

9 당신을 좋아하지 않아요. • I don't like you.

당신을 증오해요. • I hate you.

10 그거라면 아주 지긋지긋해요. • I'm sick and tired of it.

Let's Talk!

Are you mad at me?
너 나한테 화났어?

Yes, you _____ _____ _____.
응, 너 정말 짜증 나.

06 신남·놀라움·기대·실망

내일은 체험학습으로 놀이동산에 가는 날! 얼마나 기대될까요? 기대를 나타낼 때는 look forward to를 사용하는데요, to 다음에는 명사나 ~ing가 와요. to가 있어서 왠지 동사원형을 쓰고 싶어지죠? 그렇지만 그러면 안 된다는 사실! ing 형태로 써 준다는 것 꼭 기억하세요. "I am looking forward to the trip." "I'm looking forward to seeing you there." 이런 식으로요!

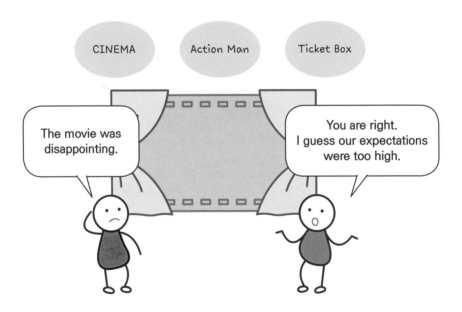

1 저 신났어요.

- I'm excited.

너무 신나요.

- It's so exciting.
- It's so fun.

2 놀라워요(대단해요).

- It's amazing.
- It's astonishing.
- It's incredible.
- It's unbelievable.

3 믿을 수가 없어요.

- I can't believe it.

4 놀랐어요.

- I'm surprised. / I'm so surprised.
- What a surprise!

5 놀랐지?

- Surprise!

6 파티가 기대돼요.

- I'm looking forward to the party.

당신을 만나는 것이 기대돼요.

- I'm looking forward to seeing you.

7 못 기다리겠어요!
(너무 기대돼요.)

- I can't wait!

| Note | **astonish** : 깜짝 놀라게 하다 |

8 기대 이상이에요.
- It is beyond my expectations.
- It's better than I expected.

9 실망했어요.
- I'm disappointed.

실망스럽네요.
- It's so disappointing.

10 내 기대가 너무 컸어요.
- My expectations were too high.

Let's Talk!

I'm so excited about the party tomorrow.
내일 파티 너무 기대돼.

Me too. ____ _____ _____.
나도. 못 기다리겠어.

위로·격려·지지

우리가 자주 쓰는 "파이팅!"이라는 단어가 영어 표현이 아니라면 충격이겠죠? 네~, 영어 아닙니다. 영어 단어지만 Fighting은 너무나도 한국적인 표현이에요. 미국에서는 파이팅이 아니라 "**Go for it**(해보자)!" "**You can do it**(넌 할 수 있어)!"을 많이 써요. 의기소침한 친구에게 격려 차원에서 응원을 한다면 "**Cheer up**(힘내)!", 지금 잘하고 있는 친구에게는 "**Keep it up**(잘하고 있어)!"이라고 외치면 됩니다.

1 유감입니다. 안됐어요.
• I feel sorry for you.
• I'm so sorry.

2 위로해 줘서 고마워요.
• Thank you for comforting me.

따뜻한 말 고마워요.
• Thank you for your warm words.

3 위로가 필요해요.
• I need some comfort.

4 당신의 잘못이 아니에요.
• It's not your fault.

5 기운 내요!
• Cheer up!

당신은 할 수 있어요!
• You can do it!

파이팅! (잘하고 있어요.)
• Keep it up!

6 걱정하지 말아요.
• Don't worry.

속상해 하지 말아요.
• Don't be upset.

7 다음에는 더 잘할 거예요.
• You can do better next time.

8 당신을 믿어요.
• I believe in you.

나는 항상 당신 편이에요.
• I'm always on your side.

9 당신이 자랑스러워요.
• I'm so proud of you.

10 당신은 마땅히 그럴 자격이
있어요.
• You deserve it.

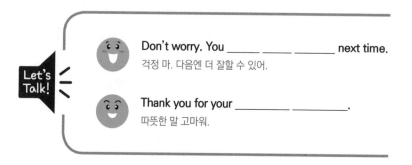

Let's Talk!

Don't worry. You _____ _____ _____ next time.
걱정 마. 다음엔 더 잘할 수 있어.

Thank you for your _____ _____.
따뜻한 말 고마워.

08 질투·무시·창피

예전에는 부러울 때는 "I envy you."라고 말하고, 시샘하고 질투할 때는 "I'm jealous."라고 많이 말했어요. 그런데 요즘 미국에서는 부러움과 시샘의 구분 없이 "I'm jealous."라고 합니다. 즉, "I envy you."는 잘 안 쓴다는 사실을 알아 두면 좋을 것 같아요.

1	질투 나요? / 부러워요?	• Are you jealous?
2	질투가 나요. / 부러워요.	• I'm jealous. / I'm so jealous.
	그가 질투 나요.	• I'm so jealous of him.
	당신이 부러워요.	• I'm jealous of you.
3	그냥 무시해요.	• Just ignore it.
4	무시하는 건가요? (무응답의 무시)	• Are you ignoring me?
	날 무시하지 마세요.	• Don't ignore me.
5	나를 깔보는 건가요? (업신여기는 무시)	• Are you looking down on me?
	깔보지 마세요.	• Don't look down on me.
6	너무 창피해요. (부끄러워요.)	• I'm so embarrassed. • I'm so ashamed of myself.
7	어찌나 창피한지!	• How embarrassing!
8	나 바보짓 했어요. (창피해요.)	• I've made a fool of myself.

| 9 | 창피한 줄 아세요. | • You should be ashamed of yourself. |
| 10 | 당신 참 뻔뻔하군요. | • You've got some nerve. |

Let's Talk!

Minji is staring at us.
민지가 우리를 째려보고 있어.

_____ _____ _____.
그냥 무시해.

09 진정·안도·지루함·피곤함

지루해 죽을 것 같아. 피곤해 죽을 것 같아. 엄살이나 과장일 때도 있지만 '엄청 ~하다'는 뜻으로 '~해서 죽을 것 같다'라는 표현을 많이 쓰지요. 영어에도 똑같은 표현이 있어요. 간단하게 말끝에 'to death'를 붙여 주면 됩니다. "I'm bored to death." "I'm tired to death." "I'm hungry to death." 쉽죠?

1 진정해요.
- Calm down.
- Relax.
- Cool down.
- Chill out.
- Take it easy.
- Be cool.
- Take it down.

2 진정할 필요가 있어요.
- You need to cool(calm) down.

3 그냥 내버려 둬.
- Just let it go.

4 다행이에요!
- What a relief!
- Thank god!

5 안심돼요.
- I'm relieved.

6 지루해요.
- I'm bored.
- It's boring.

7 지루해서 눈물이 날 것 같아요.
- I'm bored to tears.

지루해서 죽을 것 같아요.
- I'm bored to death.

8 어찌나 지루한지!
- How dull!
- How tedious!
- How boring!

9	지겨워요.	• I'm fed up.

10	피곤해요.	• I'm tired.
		• I'm exhausted.
		• I'm worn out.
		• I'm spent.

 Did you do anything exciting today?
오늘 뭔가 신나는 거 했어?

 No, I'm _____ _____ _____.
아니, 지루해서 눈물 날 지경이야.

 Check!

지루하다는 뜻을 이렇게도 표현해요. "It's about as exciting as watching paint dry!" 아니, 페인트가 마르는 것을 보는 것만큼이나 재미있는 일이라뇨! 그만큼 따분하다는 걸 이렇게 위트 있게 표현했네요.

Note   **tedious** : 지루한, 싫증 나는

10 의심·죄책감·미안함·용서

메이크업(make-up) 하면 제일 먼저 떠오르는 것이 화장이죠? 그런데 동사로 쓰이는 make up에는 '화해하다'라는 뜻이 있어요. 화장이 얼굴을 예쁘게 만들어 준다면 화해는 나빠진 관계를 예쁘게 만들어 주는 거죠. 사이가 틀어진 친구와 화해하고 싶다고요? 그렇다면 자존심을 세우기보다 먼저 미안하다고 손 내밀어 보면 어떨까요?

1	뭔가 수상해요.	• Something smells fishy. • I smell a rat.
2	나한테 뭐 숨기는 거 있어요?	• Are you hiding something from me?
3	오해하지 말아요.	• Don't get me wrong.
4	당신을 오해했어요.	• I misunderstood you.
5	죄책감이 들어요.	• I feel guilty.
6	내 잘못이에요.	• It's my fault. • I'm to blame. • My bad.
7	후회해요.	• I regret it.
	그 말을 하지 말았어야 했어요.	• I shouldn't have said that.
8	사과할게요.	• I apologize.
	미안해요, 일부러 그런 건 아니에요.	• I'm sorry. I didn't mean it.
	그 말 취소할게요.	• I take it back.

9	용서해 줄게요.	• I forgive you.
	사과 받아 줄게요.	• I accept your apology.
	이제 미안하다고 안 해도 돼요.	• You don't need to say sorry again.
	당신한테 이제 화 안 났어요.	• I'm not mad at you anymore.

| 10 | 우리 화해해요. | • Let's make up.
• Let's be friends again. |
| | 우리 괜찮은 거죠?
(이제 문제없는 거죠?) | • Are we good? (We good?) |

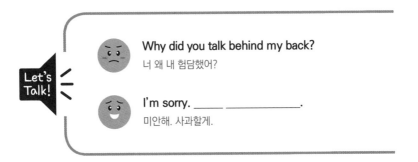

Let's Talk!

Why did you talk behind my back?
너 왜 내 험담했어?

I'm sorry. _____ _____.
미안해. 사과할게.

알아 두면 유용한 **감정을 표현하는 어휘**

좋음 **like**	싫음 **dislike**	기쁨 **joy**
사랑 **love**	만족 **satisfaction**	감사 **gratitude**
슬픔 **sadness**	우울 **depression**	고통 **pain**
걱정 **worry**	초조 **anxiety**	두려움 **fear**
화 **anger**	짜증 **irritation**	미움 **hate**
신남 **excitement**	놀라움 **surprise**	기대 **expectation**
실망 **disappointment**	진정 **calm**	안도 **relief**
편안 **ease**	지루함 **boredom**	피곤함 **tiredness**
의심 **doubt**	죄책감 **guilt**	미안함 **sorriness**

조언이나 충고할 때, 주의 줄 때 하는 말

1 조언이 필요해요. **I need some advice.**	**7** ~하면 안 돼. **You shouldn't~**
2 조언을 좀 구해 봐요. **You need to get some advice.**	너 그거 하면 안 돼. **You shouldn't do it.**
3 내 조언은 이거야. **Here is my advice.**	**8** 너 ~해야 해. **You should~**
4 내 생각엔, **In my opinion,**	너 엄마 말씀 들어야 해. **You should listen to your mom.**
내 생각에 넌 그거 안 먹는 것이 좋겠어. **In my opinion, you should not eat it.**	**9** ~하는 것이 좋겠어. **You had better~**
5 내 의견을 묻는다면, **If you ask me,**	지금 가는 것이 좋겠어. **You'd better leave now.**
내 의견을 묻는다면 우리는 버스를 타는 것이 좋을 것 같아. **If you ask me, we should take the bus.**	**10** 경고한다. **I'm warning you.**
	나 경고했었다. **I've warned you.**
6 내가 너라면, **If I were you,**	**11** 다시는 그러지 마. **Don't do it again.**
내가 너라면 나는 포기하지 않을래. **If I were you, I wouldn't give up.**	**12** 하지 말라고 했지? **I told you not to do it.**
	13 이번이 마지막 경고야. **This is the last warning.**

Chapter 4
학교 생활 · 행사

학교만큼 이야깃거리가 많은 곳이 또 있을까!

01 조회·출석 체크·종례

조회 시간에 가장 중요한 일은 출석 체크죠? 선생님이 여러분의 이름을 부르면 "Here."라고 하거나 "Present."라고 대답하면 돼요. 친구가 결석했다면 absent라는 단어를 사용해서 "Juho is absent."라고 말해 봅시다.

1 이 선생님, 좋은 아침입니다. · Good morning, Mr. Lee.

2 오늘 학교 몇 시에 끝나요? · What time does school end today?

3 오늘 시간표 변동 있어요? · Are there any changes in the schedule today?

4 오늘은 점심 먹고 가나요? · Do we go home after we have lunch?

5 출석부 가지고 올까요? · Shall I bring the register?

6 수민이가 결석했어요. · Sumin is absent.

수민이가 안 왔어요. · Sumin is not here.

그가 왜 결석했는지 몰라요. · I don't know why he is absent.

가족이랑 여행 갔어요. · He went on a trip with his family.

7 늦어서 죄송합니다. · I'm sorry, I'm late.

버스를 놓쳤어요. · I missed the bus.

늦잠을 잤어요. · I overslept.

밤을 샜어요. · I was up all night long.

8 저 내일 가족 여행 때문에 학교에 안 와요.

- I'm not coming to school tomorrow because of a family trip.

9 오늘 조금 일찍 가도 될까요?

- May I leave a little earlier today?

10 내일 만나요.

- See you tomorrow.
- I'll see you tomorrow.

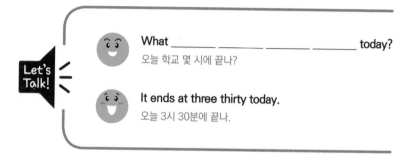

Let's Talk!

What _____ _____ _____ _____ today?
오늘 학교 몇 시에 끝나?

It ends at three thirty today.
오늘 3시 30분에 끝나.

02 교실 이동

우리 중고등학교는 대부분의 수업을 학급 교실(homeroom)에서 하고 미술, 음악, 체육 수업을 할 때 혹은 과학실, 가사실, 영어교실, 컴퓨터실 같은 특별실을 이용할 때만 다른 교실로 이동하죠? 그런데 외국의 많은 나라에서는 모든 수업을 담당 과목 선생님이 계시는 교실로 이동해서 들어요. 그리고 조회 시간, 종례 시간에만 학급 교실에 모여서 담임선생님을 만난답니다. 요즘은 우리나라에서도 이런 시스템을 운영하는 학교가 늘고 있어요.

1 영어교실로 이동해야 하나요?
- Do we have to go to the English classroom?

2 Rachel 선생님이 영어실로 가라고 하셨어요.
- Rachel told us to go to the English classroom.

3 종 치기 5분 전까지 교실에 들어가야 해요.
- We should be in the classroom five minutes before the bell rings.

4 영어실이 몇 층에 있어요?
- On which floor is the English classroom?

영어실이 4층에 있나요?
- Is the English classroom on the 4th floor?

5 과학실이 어디에 있나요?
- Where is the science lab?

실례합니다만 과학실을 찾고 있어요.
- Excuse me, I'm looking for the science lab.

6 나를 따라와요. 음악실이 어디 있는지 가르쳐 줄게요.
- Follow me. I'll show you where the music classroom is.

3층으로 올라가서 왼쪽으로 돌면 음악실이 나올 거예요.
- Go up to the third floor and turn left and you'll see the music classroom.

7	강당으로 갈까요?	• Shall we go to the assembly hall?
8	컴퓨터실에 있을 때는 컴퓨터를 조심해서 다뤄야 해요.	• We should be careful with the computers when we're in the computer room.
9	영어교실로 이동할 때 조용히 해야 해요.	• You should be quiet when you go to the English classroom.
10	복도에서 뛰지 마세요.	• Do not run in the corridor.
	계단에서 뛰지 마세요.	• Do not run on the stairs.

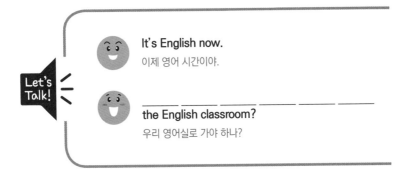

Let's Talk!

It's English now.
이제 영어 시간이야.

_____ _____ _____ _____ _____ _____ the English classroom?
우리 영어실로 가야 하나?

03 선생님

영어 선생님이나 원어민 선생님을 teacher라고 많이들 부르지요? 그런데 사실 원어민들은 선생님을 "teacher." 하고 부르지 않아요. 보통은 선생님의 성에 Mr. 또는 Ms.를 붙여서 부른답니다. Mr. Kim, Ms. Park 이렇게요. 선생님에 따라서는 그냥 이름을 부르라고 하시는 분도 많아요. Rachel, Lisa, Brian 이렇게요.

1	당신의 담임선생님은 누구인가요?	• Who is your homeroom teacher?
2	우리 담임선생님은 김 선생님이세요.	• My homeroom teacher is Mr. Kim.
	우리 원어민 선생님은 Rachel이에요.	• Our native English teacher is Rachel.
3	우리 수학 선생님은 친절하고 재미있으세요.	• Our math teacher is kind and humorous.
	음악 선생님은 마음이 따뜻하고 노래를 잘 부르세요.	• Our music teacher is warm hearted and sings well.
	체육 선생님은 키가 크고 잘생기셨어요.	• Our P.E.(physical education) teacher is tall and handsome.
	미술 선생님은 베스트드레서예요.	• Our art teacher is the best dresser.
	우리 담임선생님은 굉장히 똑똑하세요.	• Our homeroom teacher is very smart.
	우리 담임선생님은 좀 너무 엄하세요.	• Our homeroom teacher is a bit too strict.
4	김 선생님 계시는 교무실은 3층에 있어요.	• Mr. Kim's office is on the third floor.

	본교무실은 2층에 있어요.	• The main teachers' room is on the second floor.
5	담임선생님이 당신을 찾으세요.	• Our homeroom teacher is looking for you.
	영어 선생님이 교무실로 오래요.	• The English teacher wants you to come to the teachers' room.
6	나는 영어 선생님이 제일 좋아요.	• My favorite teacher is our English teacher.
7	담임선생님이 누가 되실지 너무 궁금해요.	• I'm wondering who our homeroom teacher will be.
8	나는 이 선생님을 존경해요.	• I respect Ms. Lee.
9	우리 원어민 선생님은 영국에서 오셨어요.	• Our native English teacher is from the U.K.
10	저는 선생님들이 무서워요.	• I'm scared of teachers.

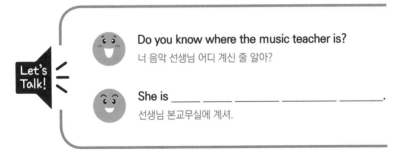

Do you know where the music teacher is?
너 음악 선생님 어디 계신 줄 알아?

She is _____ _____ _____ _____ _____.
선생님 본교무실에 계셔.

 Check!

우리 문화에서는 상대방과의 관계에 있어서 나이가 굉장히 중요하죠?
그런데 미국이나 영국 등 많은 나라에서는 나이를 물어보는 것이 실례랍니다.
원어민 선생님이 한국의 이런 문화를 몰라서 당황하실 수 있으니 우리 친구들이
선생님의 프라이버시를 꼭 지켜주세요~. **원어민 선생님의 이름은 불러도 되지만
나이는 물어보면 안 된다!** 기억하세요.

04 체육·음악·미술

"I love P.E." "My favorite subject is music." "Art is my favorite subject." 학생들에게 좋아하는 과목을 말해 보라고 하면 체육, 음악, 미술을 많이 얘기해요. 그만큼 이 과목들에 대해서 할 말도 많겠죠? 여러분은 어떤 예체능 수업을 좋아하나요? 선생님은 그림 그리는 것을 좋아해서 미술 시간을 엄청나게 좋아했답니다.

1 저는 축구를 좋아해서 체육이
제일 좋아요.
- I like P.E. the most because I love soccer.

2 저는 체육이 싫어요.
운동을 잘하지 못해서요.
- I don't like P.E. because I'm not good at sports.

3 저는 운동에는 재능이 없나 봐요.
- I guess I'm not a sports person.

4 우리는 체육 시간에 탁구와
배드민턴을 배워요.
- We learn table tennis and badminton in P.E. class.

올해 우리는 수영하는 법을
배울 거예요.
- This year, we'll learn how to swim.

5 새로운 노래를 배울 수 있어서
음악 시간이 좋아요.
- I love music class because I get to learn new songs.

피아노 치는 것을 좋아해서 제일
좋아하는 과목이 음악이에요.
- Music is my favorite subject because I like to play the piano.

6 저는 악기 연주를 잘 못해서
음악 시간이 싫어요.
- I don't like music class because I'm not good at playing instruments.

7 우리는 음악 시간에 리코더를
배워요.
- In music class, we learn to play the recorder.

| 작년에는 칼림바를 배웠어요. | · We learned to play the kalimba last year. |

8 미술 시간에 그림 그리는 것을 좋아해요. · I love to draw pictures in art class.

물감으로 그림 그리기는 정말 즐거워요. · Painting is so much fun.

9 애니메이터가 되고 싶어서 그림 그리는 것을 좋아해요. · I enjoy drawing because I want to become an animator.

10 저는 예술과는 거리가 먼 것 같아요. · I think I'm far from being artistic.

Let's Talk!

 Why do you like P.E. so much?
너는 체육을 왜 그렇게 좋아해?

 Because _____ _____ _____ _____ _____ **with my friends.**
친구들이랑 축구 하는 것을 좋아해서.

📖 Check!

악기를 연주한다고 할 때는 "I play the piano." "I play the violin."처럼 악기 앞에 the를 붙여서 표현해요. 하지만 운동 이름 앞에는 아무것도 붙이지 않죠. "I play soccer." "I play baseball."처럼요. 그런데 악기 이름 앞에 아무것도 안 붙는 경우가 있는데요, 오케스트라나 밴드에서 어떠어떠한 파트를 연주한다고 이야기할 때는 the 없이 "I play piano." 이런 식으로도 말해요.

answer I, love, to, play, soccer

05 운동회·축제

1년 내내 이날만 기다리는 친구들도 있을 만큼 너무나 신나고 재미있는 학교 축제! 공부만 잘하는 줄 알았더니 K-pop 댄스까지 완벽하게 추는 '넘사벽' 우리 반 회장부터 시작해서 지금 당장 가수 해도 될만큼 노래 실력이 좋은 담임선생님까지, 게다가 우리 반 장난꾸러기는 알고 보니 로맨틱한 기타리스트!! I'm so looking forward to this year's school festival. You too?

1 운동회는 언제 해요? • When is the sports day?

학교 축제는 언제 해요? • When is the school festival?

2 다음 주 금요일에 운동회를 • The sports day is on Friday
해요.   next week.

우리는 1년에 한 번 • We have a school festival once
학교 축제를 합니다.   a year.

3 운동장에서 운동회가 • The sports day will be held in
열릴 거예요.   the school field.

축제는 강당에서 열릴 거예요. • The festival will be held in the
                       hall.

4 운동회가 기대돼요. • I'm looking forward to the
             sports day.

학교 축제는 정말 즐거울 • The school festival will be so
거예요.   much fun.

5 저는 운동회 때 달리기를 • I'm running on sports day.
합니다.

저는 100미터 달리기를 해요. • I'm running in the 100-meter
                       dash.

6 당신은 무슨 팀인가요? • Which team are you on?
나는 청팀이에요.   I'm on the blue team.

7	오늘 운동회 날인 거 안 잊었죠?	• You didn't forget that it's our sports day today.
	당신의 부모님은 오늘 학교에 오시나요?	• Are your parents coming to school today?
8	우리 팀이 이겼어요.	• Our team won.
	청팀이 졌어요.	• The blue team lost.
	우리 팀이 질 것 같아요.	• Our team is going to lose.
9	운동회 때 반티를 입을 거예요.	• We'll be wearing our class T-shirt on sports day.
10	축제 때 나는 친구들과 춤을 출 거예요.	• I'll be dancing with my friends at the school festival.
	축제 때 친구들의 공연을 보는 것이 너무 즐거워요.	• I really enjoy watching my friends' performances.

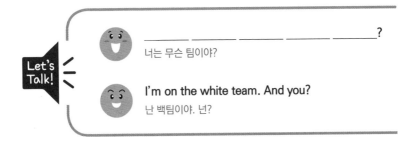

Let's Talk!

_____ _____ _____ _____ _____?
너는 무슨 팀이야?

I'm on the white team. And you?
난 백팀이야. 넌?

06 현장체험학습·수학여행

만날 가도 또 재미있는 그곳 놀이공원! 놀이공원으로 현장체험학습 간다고 좋아했는데 다른 학교 친구가 에*랜드에 간다고 하면 갑자기 샘이 나고 그러죠? 또 에*랜드보다 롯*월드가 더 좋다는 친구도 있고 요. 남의 떡이 커 보여서 그럴 수 있어요~. 막상 가 보면 이곳이든 저 곳이든 다 너무너무 재밌는데 말이죠! 남의 떡이 더 커 보이는 건 다 른 나라 사람들도 마찬가지인가 봐요. 외국에도 똑같은 의미의 속담, 'The grass is always greener on the other side.'가 있다는 사실!

1 우리 다음 달에 학교 현장체험학습을 가요.
- We are going on a field trip next month.

2 당신의 학교는 현장체험학습을 언제 가요?
- When is your school's field trip?

3 당신은 체험학습을 어디로 가나요?
- Where are you going for the field trip?

올해는 우리 어디로 가요?
- Where are we going to this year?

4 우리는 올해 롯데월드로 가요.
- We are going to Lotte World this year.

2학년은 에버랜드로 간다고 들었어요.
- I heard that second graders will go to Everland.

우리 롯데월드로 가면 안 돼요?
- Can't we just go to Lotte World?

5 1년에 두 번 체험학습을 가요.
- We go on a field trip twice a year.

6 8시 30분에 모두 운동장에 모인대요.
- We'll all meet at the school yard at eight thirty.

7 우리는 학교 버스를 타고 거기에 갈 거예요.
- We'll get there by school bus.

현장체험학습 · 수학여행 147

우리는 지하철을 탈 거예요.	• We'll take the subway.
우리는 그곳에 비행기를 타고 갈 거예요.	• We'll go there by plane.

8 수학여행으로 제주도에 가요.	• We are going on a school trip to Jeju Island.
3일간의 여행이에요.	• It's a three-day trip.
제주도에는 처음이에요.	• It's my first time to Jeju.

9 도시락을 싸 가야 하나요?	• Do we need to bring our own lunch?
거기서 뭔가 사 먹을 생각이에요.	• I'm planning to buy something to eat there.

10 선생님이 반티 입고 오래요.	• Our teacher told us to wear our class T-shirt.
우리는 교복을 입어야 해요.	• We have to wear our uniform.

How do you go to Everland?
에버랜드로 어떻게 가?

We'll _____ _____ _____ _____ _____.
학교 버스 타고 간대.

07 입학·졸업

우리나라에서는 학교 입학과 개학을 3월에 해요. 그런데 그거 알고 있나요? 다른 나라는 대부분 9월에 입학하고 그때 새로운 학년이 시작된답니다! 싱가포르, 호주, 일본, 북한 등 소수의 나라를 제외하고는 모두 9월에 신학년이 시작된다고 하니 참 놀랍죠?

1 입학식은 언제인가요? • When is the entrance ceremony?

언제 졸업해요? • When do you graduate?

2 저 올해 중학교에 입학합니다. • I'm entering middle school this year.

입학식은 3월 2일입니다. • The entrance ceremony will be held on the 2nd of March.

3 저 올해 초등학교를 졸업해요. • I'm graduating from elementary school this year.

저는 2월에 졸업해요. • I'm graduating in February.

4 어느 학교로 가게 되었어요? • Which school will you be going to?

저는 신정중학교에 가요. • I'll be going to Sinjeong Middle School.

5 졸업식은 체육관에서 해요. • The graduation ceremony will be held in the gym.

6 언제 초등학교를 졸업했어요? • When did you graduate from elementary school?

어느 초등학교를 졸업했나요? • Which elementary school did you graduate from?

7	2년 전에 목동초등학교를 졸업했어요.	• I graduated from Mokdong Elementary School two years ago.

8	졸업식에 가족이 올 거예요.	• My family will come to the graduation.
	졸업식이 끝나고 중식당에 외식하러 갈 거예요.	• We'll eat out at a Chinese restaurant after the graduation ceremony.

9	제일 친한 친구와 같은 학교에 입학해서 너무 기뻐요.	• I'm so glad that my best friend is going to the same school as me.

10	선생님들과 헤어져서 슬퍼요.	• I feel sad that I have to say goodbye to the teachers.

Let's Talk!

Which _____ _____ _____ _____ _____ _____?
너 어느 초등학교 졸업했어?

We graduated from the same school!
우리 같은 학교 졸업했잖아!

answer elementary, school, did, you, graduate, from

08 점심시간·쉬는 시간

일주일 치 급식 메뉴를 줄줄 외는 놀라운 암기력의 친구들이 더러 있지요? 급식이 맛있어서 급식 먹으러 학교 온다는 친구들도 있고요. 급식 맛있는 학교에 배정되는 것도 로또 당첨만큼이나 큰 행운인 것 같아요. 학교 식당은 영어로 cafeteria라고 하는데요, 학교뿐 아니라 회사나 공공기관 등의 구내식당 또는 병원이나 쇼핑몰 등의 푸드코트도 cafeteria라고 부릅니다.

Note	**Why the hurry?** : 왜 그렇게 서둘러?

1 점심시간이에요. · It's lunch time.

2 오늘 메뉴는 뭐예요? · What's on today's menu?
· What's the menu today?

3 배가 너무 고파요. · I'm so hungry.

배고파 죽겠어요. · I'm starving.

4 저 조금 더 주실 수 있을까요? · Can I have some more?

5 내 것을 먹을래요? · Do you want to eat mine?

내 것 먹어요. · You can have mine.

6 너무 맛있어요. · It's so delicious.
· It's very tasty.
· It tastes really good.

맛이 없어요. · It doesn't taste good.

7 배불러요. · I'm full.

더 못 먹겠어요. · I can't eat anymore.

8 쉬는 시간이에요. · It's break time.

9 화장실에 가요. · I'm going to the restroom.

10 보드게임 해요.	•	Let's play a board game.
나가서 축구 할래요?	•	Shall we go out and play soccer?
매점에 가지 않을래요?	•	Why don't we go to the school store?

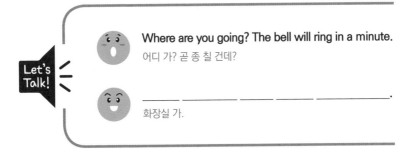

Let's Talk!

Where are you going? The bell will ring in a minute.
어디 가? 곧 종 칠 건데?

____ ____ ____ ____ ____ .
화장실 가.

📖 Check!

학교 화장실과 같은 공중화장실을 지칭하는 단어는 나라마다 살짝 달라요. 미국에서는
restroom을, 영국에서는 주로 **toilet**을 쓰고 종종 **loo**라는 단어를 쓰기도 해요.
Toilet은 변기라는 뜻도 있어서 영국 외의 나라에서는 조심해서 사용하는 것이
좋겠어요. 그 외에도 캐나다에서는 **washroom**을 많이 사용합니다.
같은 영어인데도 또 다를 땐 참 다르죠?

I'm, going, to, the, restroom (answer)

09 동아리·방과후학교

학교는 공부만 하는 곳이 아니죠! 신나게 놀기도 하고 관심 있는 분야의 동아리나 방과후학교 프로그램에도 참여할 수 있어요. 로봇, 축구, 컴퓨터, 공예, 체스, 방송부, 피아노, 미술 등 정말 다양하고 흥미로운 활동이 많이 있는데요, 여러분은 어떤 동아리나 프로그램에 참여하고 있나요?

1 한 달에 한 번 동아리 활동이 있어요.
• We have a club day once a month.

2 동아리 활동은 5교시, 6교시에 해요.
• We do club activities during the 6th and 7th period.

3 무슨 동아리에 가입할 거예요?
• Which club will you join?

무슨 동아리에 들었어요?
• Which club are you in?

4 난 농구부에 가입할 거예요.
• I'm going to join the basketball club.

나는 컴퓨터반이에요.
• I'm in the computer club.

5 어떤 동아리에 가입해야 할지 모르겠어요.
• I don't know which club to join.

아직 결정 못 했어요.
• I haven't decided yet.

6 우리 함께 축구부 신청해요.
• Let's join the soccer club together.

나랑 같이 요리반 신청하는 것은 어때요?
• Why don't you join the cooking class with me?

7 오늘 뭐 해요?
• What are we going to do today?
• What are we doing today?

8	오늘 동아리 활동 때문에 학교 밖으로 나가요.	· We are going out of the school because of the club activity.
9	방과후학교 프로그램 신청할 거예요?	· Are you going sign up for after-school programs?
10	내가 제일 좋아하는 방과후 프로그램은 줄넘기예요.	· My favorite after-school program is jump rope.
	저는 일주일에 방과후수업이 세 개 있어요.	· I have three after-school classes in a week.

Which club will you join?
너 무슨 동아리 가입 할 거야?

_____ _____ _____ _____.
난 아직 결정 못 했어.

10 등하굣길

등하굣길을 즐겁게 해 주는 학교 근처 문방구(stationery store)가 사라지고 있다는 뉴스를 봤어요. 안 그래도 몇 군데 안 남았는데 해마다 500개씩 사라지고 있대요. 다양한 문구류, 신기한 장난감, 알록달록 맛있는 과자를 직접 눈으로 보고, 손으로 만져 보며 고르는 재미가 사라질까 봐 걱정돼요.

| 1 | 학교 다녀오겠습니다. | • I'm off to school. |

2	나 늦었어요.	• I'm late.
	우리 늦겠어요.	• We're going to be late.
	5분 늦을 것 같아요.	• I'll be five minutes late.

| 3 | 문방구에 가야 해요. | • I have to go the stationery store. |
| | 나 뭐 좀 사야 해요. | • I need to buy something. |

| 4 | 학교에 같이 갈래요? | • Shall we go to school together? |
| | 기다려요. 같이 가요. | • Wait. Let's go together. |

| 5 | 당신은 집에 어떻게 가요? | • How do you get home? |
| | 당신은 학교에 어떻게 가요? | • How do you get to school? |

6	나는 버스를 타고 집에 가요.	• I take a bus home.
	나는 학교까지 걸어가요.	• I walk to school.
	나는 집에 걸어서 가요.	• I go home on foot.

| 7 | 오늘 피아노 수업 있어요. | • I have a piano lesson today. |
| | 영어 학원 가야 해요. | • I have to go to my English class. |

8 우리 이따가 같이 놀 수 있어요? • Can we play together later?

우리 집에 올 수 있어요? • Can you come to my house?

9 우리 뭐 좀 먹어요. • Let's eat something.

피자 먹으러 가요. • Let's go eat pizza.

10 다녀왔습니다. • I'm home.

Let's Talk!

Can we play together later?
우리 이따가 같이 놀 수 있어?

No, ____ _____ ____ ____ ____ ____
_____ _____.
아니, 영어 학원 가야 해.

알아 두면 유용한 **과목 명칭**

국어 **Korean language**	영어 **English**	수학 **math**(mathematics)
과학 **science**	생물 **biology**	화학 **chemistry**
물리 **physics**	지구과학 **earth science**	생명과학 **bioscience**
국사 **Korean history**	세계사 **world history**	사회 **social studies**
체육 **P.E.**(physical education)	미술 **art**	음악 **music**
도덕 **moral education**	윤리 **ethics**	기술가정 **technology and home economics**
지리 **geography**	문학 **literature**	정치 **politics**
경제 **economics**	철학 **philosophy**	심리학 **psychology**
한문 **Chinese characters**	교육학 **pedagogy**	진로와 직업 **career and vocational studies**
실과 **practical course**	외국어 **foreign language**	

알아 두면 유용한 **학교 교실과 시설 명칭**

학급 homeroom	도서실 library	미술실 art room
음악실 music room	체육관 gym	어학실 language lab
과학실 science room / science lab	컴퓨터실 computer room	가사실 home economics room
방송실 school broadcasting room	강당 hall / gym / auditorium	영어교실 English classroom
교무실 teachers' room / teachers' office	교장실 principal's office	상담실 counseling office
교사 휴게실 teachers' lounge	학생 휴게실 student lounge	행정실 administrative office
회의실 conference room	보건실 nurse's room	급식실 cafeteria
식수대 water fountain	복도 hallway / corridor	화장실 restroom

Chapter 5

집 · 가족

짜잔!
우리 가족을 소개합니다

March 3rd. My family

01 가족 소개

자기소개와 함께 꼭 붙어 다니는 게 있죠. 바로 가족 소개예요. 부모님, 조부모님, 형제자매뿐 아니라 반려동물도 우리의 가족이에요. 남들과 똑같은 내용 말고 한두 문장은 나만의 내용으로 재미있게 말해 볼까요? 선생님은 고양이를 소개하면서 이렇게 이야기할래요. I have a cat that loves the smell of butter. 빵에 버터를 발라 먹을 때마다 어떻게 알고 야옹이가 잽싸게 달려와서 킁킁거린답니다.

1 우리 가족을 소개할게요.
- Let me introduce my family.

우리 가족에 대해서 이야기할게요.
- Let me talk about my family.

2 당신의 가족은 몇 명인가요?
- How many people are there in your family?

3 우리 가족은 네 명이에요.
- There are four people in my family.
- There are four of us in my family.
- There are four members in my family.

4 우리 가족은 조부모님과 함께 살아요.
- My family lives with my grandparents.

5 우리 가족에는 엄마, 아빠, 오빠 그리고 제가 있어요.
- In my family, there's my mom, my dad, my brother and me.

저는 엄마, 아빠 그리고 개와 같이 살아요.
- I live with my mom, my dad and my dog.

6 저는 외동이에요.
- I'm an only child.

저는 형제자매가 없어요.
- I don't have any siblings.

7 저에게는 한 명의 남자 형제와 한 명의 여자 형제가 있어요.
• I have a brother and a sister.

8 우리 가족은 대가족이에요.
• We are a large family.

9 우리 가족은 행복한 가족입니다.
• We are a happy family.

우리 가족은 서로를 사랑해요.
• Our family members love each other.

10 우리 가족은 바빠요.
• We are a busy family.

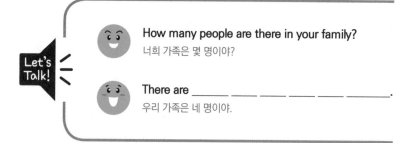

Let's Talk!

How many people are there in your family?
너희 가족은 몇 명이야?

There are _____ _____ _____ _____ _____.
우리 가족은 네 명이야.

Check!

family는 단수일까요, 복수일까요? 정답은 '둘 다'입니다. family가 한 집단의 의미로 사용될 때는 단수로 쓰입니다. "My family is a busy family." 이렇게요.
반면 family 안의 가족 구성원 모두를 의미할 때는 복수형으로 사용됩니다.
"My family are all feeling great." 이렇게 말이지요.

answer: four, of, us, in, my, family

02 집 소개

미국이나 영국에는 아파트보다 단독주택이 많아요. 우리나라에는 아파트가 가장 흔한데 말이지요. 우리 집은 어떤 집인지 외국 친구들에게 소개해 볼까요? 한국에 대한 관심이 하늘을 찌르고 있는 요즘, 우리나라 집은 어떻게 생겼는지 궁금한 친구가 많을 거예요. 물론 한국 드라마에서 많이 봤을 수도 있지만 드라마랑 실제가 어디 똑같나요~? 아, 그리고 미국에서는 아파트를 apartment라고 하고 영국에서는 flat이라고 한답니다.

1 저는 아파트에서 살아요. • I live in an apartment.

저는 이층집에서 살아요. • I live in a two-story house.

우리 집은 전통 한옥이에요. • My house is a Hanok, a
traditional Korean house.

2 우리 집은 10층이에요. • My house is on the 10th floor.

3 1층에는 할머니가 사시고 • My grandma lives on the first
2층에는 우리 가족이 살아요. floor and we live on the second
floor.

4 지난달에 이사 왔어요. • We moved here last month.

태어났을 때부터 여기서 • I lived here since I was born.
살았어요.

이 집에서 3년 동안 살고 • I have lived in this house for
있어요. three years.

5 우리 집은 크진 않지만 • My house is not big but it's cozy.
아늑해요.

집에서 편안함을 느껴요. • I feel comfortable at home.

6 우리 집에는 작은 정원이 • We have a small garden in my
있어요. house.

7	우리 집에는 방이 세 개 있어요.	• There are three bedrooms in my house.
	방 두 개와 거실, 주방 그리고 화장실이 있어요.	• We have two bedrooms, a living room, a kitchen and a bathroom.
8	언니 방은 제 방보다 커요.	• My older sister's room is bigger than mine.
	부모님 방이 가장 커요.	• My parent's room is the biggest.
9	우리 집은 좀 지저분해요.	• My house is a little bit messy.
	우리 집은 늘 깨끗하고 정돈이 잘 되어 있어요.	• My house is always clean and tidy.
10	집만큼 좋은 곳이 없어요.	• There's no place like home.

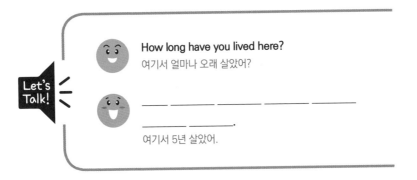

Let's Talk!

How long have you lived here?
여기서 얼마나 오래 살았어?

____ ____ ____ ____ ____ ____ ____.

여기서 5년 살았어.

'부모님' 하면 혹시 스마트폰을 하며 소파에 누워 계시는 모습이 떠 오르나요? 아니, 아이들에게는 스마트폰 그만해라, 게임 너무 많이 하지 말라 하시면서 부모님은 왜 그러시는 걸까요?(어머님, 아버님, 보 고 계신가요?) 참, 미국에서는 오랜 시간 동안 소파에서 TV를 보는 사 람을 couch potato라고 부른답니다. (어머님, 아버님~. TV, 스마트폰 너 무 많이 보시면 감자가 되신답니다~.)

1	우리 부모님은 결혼하신 지 12년이 되었어요.	• My parents have been married for twelve years.
2	우리 부모님은 서로를 사랑해요.	• My parents love each other.
	우리 부모님은 사이가 좋으세요.	• My parents get along well together.
3	우리 엄마 아빠는 사이가 안 좋으세요.	• My mom and dad are not in a good place.
	우리 부모님은 이혼하셨어요.	• My parents got divorced.
4	나는 부모님이 자랑스러워요.	• I'm proud of my parents.
5	나의 부모님은 매우 엄격하세요.	• My parents are very strict.
6	나의 부모님은 매우 관대하세요.	• My parents are very generous.
7	우리 부모님은 맞벌이를 하세요.	• Both my parents work.
8	아빠는 회사원이고 엄마는 가정주부입니다.	• My dad works for a company and my mom is a housewife.
	부모님은 가게를 운영하십니다.	• My parents run a shop.
	엄마는 수학 선생님이세요.	• My mom teaches math.

9	저는 아빠를 닮았어요.	• I take after my dad.
	저는 엄마를 똑 닮았어요.	• I look just like my mom.
	저는 엄마를 닮았어요.	• I resemble my mom.

10	저는 부모님을 매우 사랑해요.	• I love my parents very much.
	부모님은 저를 많이 사랑하세요.	• My parents love me a lot.

Let's Talk!

Who is this in the picture? Is it you?
사진에 이거 누구야? 너야?

No, it's my mom. ____ _____ _____
_____ _____ _____.
아니, 우리 엄마. 나 엄마랑 똑 닮았어.

04 형제자매 소개

늘 티격태격 다투지만, 또 내가 밖에서 부당한 일을 당하고 있을 때면 든든한 내 편이 되어 주는 것이 형제자매죠. 우리는 언니, 누나, 오빠, 형, 여동생, 남동생 이렇게 나이에 따라 형제자매를 일컫는 명칭이 다양한데요. 영어로는 여자 형제면 sister, 남자 형제면 brother라고 하죠? 우리나라에서는 누가 나이가 더 많은지 적은지를 중요시해서 그런지 그냥 sister라고 하면 누나인지 언니인지 여동생인지 굉장히 궁금해집니다. 그럴 때는 구분하는 방법이 있죠. 앞에 elder/older 또는 younger/little을 붙이면 된답니다.

1 저는 외동입니다.
- I'm the only child in my family.

저는 형제자매가 없어요.
- I have no siblings.

2 저는 형이 한 명 있어요.
- I have an older brother.

저는 여동생이 두 명 있어요.
- I have two younger sisters.

3 언니와 저는 쌍둥이에요.
- My sister and I are twins.

저희는 이란성 쌍둥이에요.
- We are fraternal twins.

저희는 일란성 쌍둥이에요.
- We are identical twins.

4 저는 첫째예요.
- I'm the oldest child.

저는 막내예요.
- I'm the youngest child.

5 제 여동생은 매우 웃겨요.
- My younger sister is really funny.

언니는 정말 못됐어요.
- My older sister is really mean.

오빠는 저에게 친절해요.
- My elder brother is nice to me.

6 언니와 저는 닮았어요.
- My sister and I look alike.

우리는 똑같이 생겼어요.
- We look the same.

| 오빠와 저는 전혀 닮지 않았어요. | • My brother and I don't look alike at all. |

7 | 저는 남동생과 공통점이 많아요. | • My brother and I have a lot in common. |

| 저와 여동생은 매우 달라요. | • My sister and I are very different. |

8 | 저는 오빠보다 두 살 아래예요. | • I'm two years younger than my brother. |

| 저는 여동생보다 두 살 위예요. | • I'm two years older than my sister. |

9 | 언니에게 사춘기가 왔어요. | • My elder sister hit puberty. |

| 오빠는 사춘기예요. | • My elder brother is going through puberty. |

10 | 나는 오빠와 늘 싸워요. | • I always fight with my older brother. |

| 우리는 서로를 좋아하지 않아요. | • We don't like each other. |

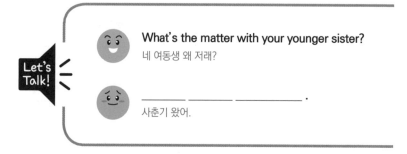

What's the matter with your younger sister?

네 여동생 왜 저래?

_____ _____ _____ .

사춘기 왔어.

05 조부모님·친척 소개

이야기를 들어 보면, 부모님이 맞벌이를 하셔서 할머니께서 키워 주신 친구들도 많아요. 뭐든 아낌없이 주시는 할머니, 할아버지. 맛있는 것도 많이 해 주시고 용돈도 주셔서 늘 감사해요. 오늘은 우리가 할머니 할아버지께 커피 쿠폰 하나 날려 드릴까요? 얼마나 좋아하실까요? Grandma, have a nice cup of coffee. I love you.

1 우리는 조부모님과 함께 살아요. · My grandparents live with us.

2 할머니께서 저를 돌봐 주세요. · My grandmother takes care of me.

3 할아버지께서 편찮으세요. · My grandfather is ill.

할머니는 건강이 좋으세요. · My grandmother is in good health.

할아버지가 건강하고 오래 사시기를 바라요. · I hope my grandpa stays healthy and lives long.

4 조부모님은 시골에 사세요. · My grandparents live in the countryside.

할머니는 우리 집 근처에 사세요. · My grandma lives near my house.

5 할머니는 63세에 은퇴를 하셨어요. · My grandmother retired at the age of sixty three.

할아버지는 제가 태어나기도 전에 돌아가셨어요. · My grandfather passed away before I was born.

할머니는 3년 전에 돌아가셨어요. · My grandmother passed away three years ago.

6 저는 한 달에 한 번 조부모님을 봐요.
• I meet my grandparents once a month.

저는 울산에 있는 할머니 댁에 가는 것을 좋아해요.
• I love to visit my grandmother's house in Ulsan.

7 할머니는 항상 저에게 많은 선물을 주세요.
• My grandma always gives me lots of presents.

우리 할머니는 마음이 따뜻해요.
• My grandmother is very warmhearted.

8 저는 사촌이 둘 있어요.
• I have two cousins.

저는 친척이 많아요.
• I have many relatives.

저는 삼촌이 한 명, 고모가 한 명 있어요.
• I have an uncle and an aunt.

9 1년에 두 번 친척들을 만나요.
• I get to meet my relatives twice a year.

친척들을 자주 만나지 못해요.
• I don't meet my relatives often.

10 삼촌은 작년에 결혼했어요.
• My uncle got married last year.

이모는 최근에 아기를 낳았어요.
• My aunt recently had a baby.

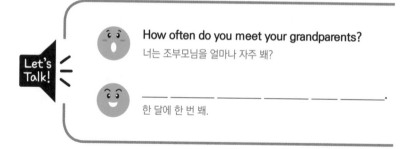

How often do you meet your grandparents?

너는 조부모님을 얼마나 자주 봐?

____ _____ _____ _____ ___ _____.

한 달에 한 번 봐.

06 반려동물 소개

새끼 고양이, 강아지는 너무 예쁘죠. 맞아요. 반려동물을 키우는 건 행복이에요. 하지만 크나큰 책임감도 따른답니다. 감당할 능력이 안 되고 준비도 안 되었는데 데리고 왔다가 유기하는 사람들이 점점 늘어나고 있어요. 평생 책임질 각오가 되었을 때 가족으로 맞이해야 해요. 그리고 기억해 주세요. 반려동물을 가족으로 맞이할 때는 사지 말고 입양하세요. (정부에서 운영하는 동물보호관리시스템에서 사랑스러운 반려동물을 입양할 수 있어요.)

1 저는 고양이 두 마리를 키우고
있습니다.

• I have two cats.

저는 강아지를 키워요.

• I have a puppy.

2 당신도 반려동물을 키우나요?

• Do you have any pets too?

3 우리 고양이는 매우 게을러요.

• My cat is very lazy.

우리 고양이는 온종일 잠을 자요.

• My cat sleeps all day.

4 우리 개는 정말 귀엽고 똑똑해요.

• My dog is really cute and
smart.

5 저는 우리 개를 하루에 두 번
산책시켜요.

• I walk my dog twice a day.

저는 개를 산책시키는 것을
즐깁니다.

• I enjoy walking my dog.

6 제가 우리 집 고양이들을
돌봅니다.

• I take care of my cats.

저는 고양이 밥을 주고 여동생은
고양이 화장실을 청소합니다.

• I give food to my cats and my
sister cleans the litter box.

저는 배변 패드를 갈아 줍니다.

• I change the potty pads.

7 나의 고양이는 내 가족입니다.

• My cat is my family.

8 우리는 여행을 갈 때 우리 개를 데리고 갑니다.

- When we go on a trip, we take our dog with us.

9 우리 고양이는 노란색이고 털이 길어요.

- My cat is yellow and has long hair.

고양이 털 때문에 할머니는 고양이를 싫어하세요.

- My grandma doesn't like cats because of their fur.

10 사지 마세요. 입양하세요.

- Don't buy, adopt.

Let's Talk!

I really love my cat. _____ _____ _____ _____ _____ _____?
난 우리 고양이 너무 좋아. 너도 반려동물 키워?

Yes, I have a dog and a hamster.
응, 나는 개랑 햄스터를 키워.

 Check!

우리말로 동물을 '키우다'라고 하니까 영어의 **raise** 동사를 쓰고 싶겠지만 실제로는 raise 동사를 잘 쓰지 않아요. 집에서 반려동물을 키운다고 할 때는 **have** 동사를 사용하는 것이 가장 무난합니다! "I have a dog." "I have a hamster." 이렇게요.

answer Do, you, have, any, pets, too

07 집안일

집안일이라는 건 해도 해도 끝이 없고 열심히 해도 티도 안 나고 또 금방 일거리가 쌓여요. 여러분의 집에서는 집안일을 어떻게 하고 있나요? 너무 한 사람에게만 일이 몰려 있지는 않나요? 가족 모두가 한두 가지씩 역할을 나눠 맡으면 한결 행복한 집안 분위기가 만들어질 것 같아요. 여러분이 할 수 있는 집안일에는 어떤 것이 있을까요?

How about doing the dishes or the laundry?

1 요리는 엄마가 다 하세요. · My mom does all the cooking.

아빠는 주말에 우리를 위해
요리를 하세요. · My dad cooks for us on
weekends.

2 아빠는 설거지를 하세요. · My dad does the dishes.

저와 오빠는 돌아가면서
설거지를 해요. · My brother and I take turns
doing the dishes.

3 저는 엄마가 저녁 준비하시는
것을 도와드려요. · I help my mom prepare
dinner.

4 아빠는 쓰레기를 내다 버리세요. · My dad takes out the trash.

저는 쓰레기통을 비웁니다. · I empty the wastebasket.

오빠는 음식물 쓰레기를 버립니다. · My elder brother takes out
the food waste.

우리는 재활용 쓰레기를 분리해요. · We separate recyclable waste.

5 엄마는 빨래를 합니다. · My mom does the laundry.

아빠는 옷을 갭니다. · My dad folds the clothes.

6 엄마는 진공청소기로 바닥을
청소합니다. · My mom cleans the floor with
the vacuum cleaner.

아빠는 진공청소기로 바닥을 청소합니다.	• My dad vacuums the floor.
로봇 청소기가 바닥을 청소합니다.	• The robot vacuum cleaner cleans the floor.
저는 대걸레로 바닥을 닦아요.	• I mop the floor.

7 저는 제 방을 정돈해요.   • I tidy up my room.

내 물건들을 치워요.   • I put my things away.

8 저는 엄마의 심부름을 합니다.   • I run errands for my mom.

9 저는 가구의 먼지를 떨어요.   • I dust the furniture.

10 저는 아침에 침대를 정리합니다.   • I make the bed in the morning.

Wow, the living room is so messy.
와, 거실이 엉망이구나.

I'll _____ _____ _____ _____.
제 물건들 치울게요.

Note   **errand** : 심부름(주로 run과 함께 사용)

08 식사 시간

요즘 학생들 직업 선호도를 조사해 보면 요리사가 굉장히 높은 순위에 올라 있어요. 요리사라고 하면 cook 동사를 사용하고 사람을 뜻하는 -er를 붙이고 싶어지죠? 그렇지만 cooker는 가스레인지나 전기레인지, 밥솥 같은 요리 도구를 의미해요. 요리사는 cook입니다. Cook은 동사이기도 하지만 명사로 요리사를 뜻하기도 해요. 그리고 고급 식당이나 호텔에서 요리하는 주방장은 chef라는 명칭을 써요. 집에서 이것저것 만들어 먹는 걸 좋아하는 여러분~, 정성 들여 직접 만든 음식을 친구와 가족에게 대접해 봅시다. 미래에 chef가 될 친구들을 응원합니다!

1 우리 가족은 주말에만 식사를 같이 해요.
• My family eats together only on weekends.

2 엄마의 요리를 정말 좋아해요.
• I love my mom's cooking.

엄마는 요리를 정말 잘하세요.
• My mom is a really good cook.

3 엄마는 제가 등교하기 전에 꼭 아침을 먹게 하세요.
• My mom always makes me eat breakfast before I go to school.

4 아침 식사로 빵과 우유를 좋아해요.
• For breakfast, I like to eat bread and milk.

5 가족을 위해서 김치볶음밥 만드는 것을 좋아해요.
• I like to make kimchi fried rice for my family.

6 보통 제가 수저를 놓아요.
• Normally, I put the spoons and chopsticks on the table.

7 저녁 식사 시간에 우리는 대화를 많이 해요.
• We talk a lot during dinner.

8 저는 가족과 함께 식사하는 것이 좋아요.
• I love eating with my family.

9 우리는 종종 배달 음식을 시켜 먹어요.
• We often have food delivered.

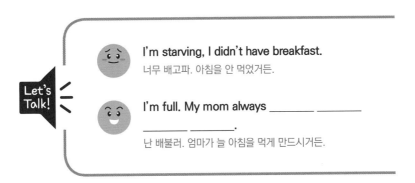

Let's Talk!

I'm starving, I didn't have breakfast.
너무 배고파. 아침을 안 먹었거든.

I'm full. My mom always _____ _____

_____ _____.

난 배불러. 엄마가 늘 아침을 먹게 만드시거든.

answer　makes, me, eat, breakfast

09 가족 행사

설, 추석, 돌잔치, 결혼식, 칠순 잔치 등 가족 행사가 은근히 많아요. 오랜만에 만나는 친척들도 반갑고 맛있는 음식을 먹을 수 있어서 신나죠. 이날만큼은 제일 멋지고 예쁜 옷으로 잔뜩 꾸밀 수 있기도 하고요. '꽃단장하다'를 영어로는 doll up이라고 표현해요. 인형에 예쁜 옷을 입히는 것처럼 꾸미는 거죠. doll up은 여성에게 많이 쓰고 남성이 멋지게 차려입을 때는 dress up이라고 한답니다.

1 설날에 조부모님 댁에 가요.
- On Seollal, we go to my grandparents house.

우리는 설날에 떡국을 먹어요.
- We eat tteokguk on Seollal, Korean New Year's Day.

조상님께 제사를 지내요.
- We hold a memorial service for our ancestors.

2 추석에는 송편을 먹어요.
- We eat songpyeon on Chuseok.

추석날에 많은 친척을 만나요.
- I meet lots of relatives on Chuseok.

3 엄마 생신 때 뷔페에 갔어요.
- We went to a buffet on my mom's birthday.

오빠에게 생일 선물을 줄 거예요.
- I'll give a birthday present to my brother.

아빠의 45세 생신 파티를 해 드릴 거예요.
- We are going to throw a party for my dad's 45th birthday.

4 부모님의 결혼기념일을 축하할 거예요.
- We'll celebrate my parents' wedding anniversary.

부모님은 결혼하신 지 15년 되셨어요.
- My parents have been married for fifteen years.

| 5 | 어버이날에 부모님께 카네이션을 드렸어요. | • I gave my mom and dad carnations on Parents' Day. |

5 어버이날에 부모님께 카네이션을 드렸어요.
• I gave my mom and dad carnations on Parents' Day.

부모님께 감사 편지를 쓸 생각이에요.
• I'm planning to write a thank you letter to my parents.

6 어린이날에 놀이공원에 가고 싶어요.
• I want to go to an amusement park on Children's Day.

어린이날에 선물을 많이 받았어요.
• I received lots of presents on Children's Day.

7 우리는 나의 아기 사촌 돌잔치에 참석할 거예요.
• We will attend my baby cousin's first birthday party.

아기는 돌잡이에서 연필을 잡았어요.
• The baby grabbed a pencil at his doljabi.

우리 엄마는 아기에게 선물로 금반지를 주셨어요.
• My mom gave the baby a gold ring as a present.

8 삼촌의 결혼식은 결혼식장에서 진행되었어요.
• My uncle's wedding was held at a wedding hall.

신랑은 잘생겼고 신부는 아름다웠어요.
• The groom was handsome and the bride was beautiful.

결혼 피로연에서 뷔페를 먹었어요.
• We had a buffet at the wedding reception.

9 다음 달에 할아버지 팔순을 축하하기 위해 큰 잔치를 할 거예요.	•	We are going to have a big party next month to celebrate my grandfather's 80th birthday.
모든 친척이 잔치에 모일 거예요.	•	All the relatives will gather for the party.

10 지난 주말에 장례식에 갔어요.	•	I went to a funeral last weekend.
친척 한 분이 돌아가셨어요.	•	A relative of mine passed away.
조의를 표합니다.	•	I'm sorry for your loss.

Let's Talk!

 You are all dressed up today!
너 오늘 멋지게 입었다!

 Yeah, I'm going to my ＿＿＿＿ ＿＿＿＿ ＿＿＿＿ ＿＿＿＿.
응, 사촌 돌잔치에 가거든.

 Check!

영국이나 미국에서는 어버이날 대신에 어머니의 날(mother's day), 아버지의 날 (father's day)을 따로 기념해요. 어머니의 날은 미국의 경우 5월 둘째 주 일요일, 영국의 경우 사순절 네 번째 일요일이에요. 아버지의 날은 미국과 영국 둘 다 6월 셋째 주 일요일이랍니다.

10 가족 여가활동·여행

요즘 캠핑하는 사람들이 많아요. 선생님도 가족과 함께 캠핑을 즐기는데요, '불멍'과 고기를 구워 먹는 재미가 쏠쏠하답니다. 여러분은 어떤 여가활동을 즐기나요? 이왕이면 그 여가활동이 여러분의 인생에서 무척이나 좋은 기억이 되길 바라봅니다. I hope it's one of the best parts of your life.

1	우리 가족은 주말마다 캠핑을 갑니다.	• My family goes camping every weekend.
	우리는 모닥불 옆에서 휴식을 취하는 것을 좋아해요.	• We love to relax by the campfire.
2	나는 아빠와 주말에 자전거를 즐겨 탑니다.	• On weekends, I enjoy riding my bike with my dad.
3	우리는 야구장에 가는 것을 좋아합니다.	• We like to go to the baseball park.
	저는 베어스 팬이에요.	• I'm a Bears fan.
4	우리는 한 달에 한 번 등산합니다.	• We go hiking once a month.
5	우리는 다양한 도시를 여행하는 것을 좋아합니다.	• We enjoy traveling around different cities.
	다음 주에는 아바이 순대를 먹으러 속초에 갈 거예요.	• Next week, we'll visit Sokcho to eat Abai Sundae.
	우리는 여름마다 제주도에 갑니다.	• We visit Jeju Island every summer.
6	우리 가족은 여름휴가로 유럽 여행을 계획 중입니다.	• My family is planning a trip to Europe for the summer vacation.

엄마는 런던행 비행기표를 예매했어요.	• Mom booked a flight to London.
지난 여름방학에 베트남에 다녀왔어요.	• We visited Vietnam during the last summer vacation.

7

우리는 수영하러 해변에 자주 가요.	• We often go to the beach to swim.
다음 달에 워터파크에 가요.	• We are going to a water park next month.
저는 수영장에서 시간을 보내는 것을 좋아해요.	• I love to spend time at the swimming pool.

8

저희는 겨울에 스키를 즐겨 타요.	• We like to go skiing in winter.
지난주에 스케이트를 탔어요.	• I went skating last week.

9

우리 가족은 여러 호텔에서 머무르는 것을 좋아해요.	• My family loves to stay at different hotels.
우리는 잠실에 좋은 호텔을 예약했어요.	• We booked a nice hotel in Jamsil.

10

우리는 영화를 자주 보러 가요.	• We go to the movies a lot.
저는 엄마 아빠와 영화 보는 것을 좋아해요.	• I love to watch movies with my mom and dad.

What do you do on weekends?

넌 주말에 (보통) 뭐 해?

Well, I enjoy _____ _____ _____ _____

_____ _____.

음, 아빠랑 자전거 타는 걸 즐겨.

 Check!

'영화극장(영화관)에 가다'는 **go to the movies** 또는 **go to the cinema**라고 하죠.
사전을 찾아보면 **theater**라는 단어도 극장인데 **theater**는 연극이나 뮤지컬 등의
공연을 하는 장소도 될 수 있어서 콕 집어서 영화극장이라고 말하려면 **movie theater**
라고 표현하기도 해요.

answer riding, my, bike, with, my, dad

알아 두면 유용한 **가족·친척 호칭**

가족 **family**	친척 **relative**
어머니 **mother**	엄마 **mom**
아버지 **father**	아빠 **dad**
부모님 **parents**	조부모님 **grand parents**
딸 **daughter**	아들 **son**
손녀 **granddaughter**	증손녀 **great-granddaughter**
손자 **grandson**	증손자 **great-grandson**
남동생 **younger brother**	오빠, 형 **older brother / elder brother**
여동생 **younger sister**	언니, 누나 **older sister / elder sister**
맏이(첫째) **the eldest (child) / firstborn**	막내 **the youngest (child)**
할머니 **grandmother / grandma**	할아버지 **grandfather / grandpa**

외할머니 **maternal grandmother**	외할아버지 **maternal grandfather**
친할머니 **paternal grandmother**	친할아버지 **paternal grandfather**
증조할머니 **great-grandmother**	증조할아버지 **great-grandfather**
고조할머니 **great-great grandmother**	고조할아버지 **great-great grandfather**
삼촌, 외삼촌, 이모부, 고모부, 큰아버지, 작은아버지 **uncle**	이모, 고모, 외숙모, 숙모, 큰어머니, 작은어머니 **aunt**
형제자매 **sibling**	사촌 **cousin**
남자 조카 **nephew**	여자 조카 **niece**
부인 **wife**	남편 **husband**
시어머니, 장모님 **mother-in-law**	시아버지, 장인어른 **father-in-law**
며느리 **daughter-in-law**	사위 **son-in-law**
시누이, 처제, 처형, 올케, 동서 **sister-in-law**	처남, 매형, 형부, 매제, 매부, 시아주버니, 시동생 **brother-in-law**

Chapter 6
건강

1 건강·컨디션	2 감기·인후통·두통	3 독감·폐렴·바이러스
4 골절·인대 손상	5 복통·치통	6 피부·상처
7 눈병·시력	8 병원·응급실	9 약·약국
10 치료·처치	상대가 아플 때 해 주는 말	알아 두면 유용한 질병 명칭	알아 두면 유용한 각 과의 의사 명칭

아무렴,
건강이 최고지요~

I'm scared of hospitals.

Me too. They say, an apple a day keeps the doctor away.

Hospital

01 건강·컨디션

살다 보면 아픈 날도 있고 컨디션이 안 좋은 날도 있어요. 많이 아픈 건 아닌데 평상시 내 마음이나 몸 상태와 같지 않을 때 쓰기 좋은 표현이 있어요. **"I'm not feeling like myself."** '내 몸이 내 몸 같지 않네.' '컨디션이 별로야.' 이런 뜻이에요.

1	저는 건강해요.	• I'm healthy. • I'm in good health.
2	저는 요즘 건강이 좋지 못해요.	• I haven't been feeling well these days.
3	컨디션이 안 좋아요. 몸이 좀 안 좋아요.	• I'm not feeling well today. • I'm feeling under the weather. • I'm not feeling like myself.
4	피곤해요.	• I'm tired. • I feel tired.
5	좀 쉬어야 할 것 같아요.	• I need to take some rest.
6	저 아파요.	• I'm sick. • I'm ill. (병 등으로 많이 아플 때)
7	어지러워요.	• I feel dizzy. • I feel light-headed.
	쓰러질 것 같아요.	• I feel like I'm going to pass out.
8	토할 것 같아요.	• I feel sick. • I feel like I'm going to throw up.
	속이 메스꺼워요.	• I feel nauseous.

9	많이 좋아졌어요.	• I feel better.
	이제 다 나았어요.	• I'm all better now.

10	아파서 조퇴했어요.	• I had to leave school early because I was sick.
	저 병원 가야 하는데 조퇴해도 될까요?	• May I leave school early because I need to go to the hospital.
	오늘 아파서 학교에 못 갈 것 같아요.	• I don't think I can go to school today because I'm sick.

Are you okay?
너 괜찮아?

_____ _____ _____ the weather.
몸이 좀 안 좋아.

Let's Talk!

answer I'm, feeling, under

02 감기·인후통·두통

갑자기 수수께끼 하나! Which is faster, heat or cold? 정답은요~, heat입니다. Because you can catch a cold이기 때문이지요. cold는 느려서(^^;) 잡힌대요. 그러니 heat가 더 빠르겠지요? ('catch a cold'는 '감기에 걸리다'라는 표현이에요. catch로 말장난한 거랍니다.) 이상 미국식 아재개그였습니다.

1 감기에 걸린 것 같아요.
- I think I have a cold.

감기에 걸렸어요.
- I caught a cold.
- I have a cold.

2 기침이 나요.
- I'm coughing.

기침을 멈출 수가 없어요.
- I can't stop coughing.

3 재채기를 많이 해요.
- I sneeze a lot.

4 가래가 나와요.
- I have phlegm.

5 콧물이 나와요.
- I have a runny nose.

콧물을 훌쩍거려요.
- I have the sniffles.

코가 막혔어요.
- I have a stuffy nose.

6 열이 나요.
- I have a fever.

고열이 나요.
- I have a high temperature.

열이 내렸어요.
- The fever has gone.

열을 쟀어요.
- I took my temperature.

7 목이 아파요.
- I have a sore throat.

삼킬 때 목이 아파요.
- My throat hurts when I swallow.

| **8** | 두통이 있어요. | • I have a headache. |

| **9** | 오한이 있어요. | • I'm shivering.
• I have a chill. |

| **10** | 귀가 아파요. | • I have an earache. |
| | 중이염이 있어요. | • I have an ear infection. |

 You look so sick.
너 정말 아파 보이는구나.

 Yes, I think _____ _____ ____ _____.
네, 감기에 걸린 것 같아요.

 Check!

병원에서 '어디가 아파서 오셨나요?'라고 간호사나 의사 선생님이 질문할 때는
"What brings you in?"이라는 표현을 써요. 비슷하게 생겼지만
"What brings you here?"는 '여기 어쩐 일로 오셨어요?'라는 뜻이랍니다.
모양새는 비슷해도 뜻은 다르니까 유의하세요.

03 독감·폐렴·바이러스

선생님은 어릴 때 독한 감기가 독감인 줄 알았어요. 그런데 알고 보니 감기랑 독감은 다른 거더라고요. Influenza 또는 줄여서 flu라고 하는 독감은 무시무시한 존재죠. 그런데 코로나19로 힘들 때 우리가 마스크 쓰기와 손 씻기를 철저하게 했더니 독감 환자 수가 확 줄었다고 하잖아요. 그러니까 무시무시한 독감을 피하기 위해서라도 우리 손 씻기 열심히 하기로 해요.

1	독감에 걸렸어요.	• I have the flu. • I've come down with the flu.
2	독감 증상이 있어요.	• I have symptoms of the flu.
3	의사 선생님이 제가 독감에 걸렸으니 등교 안 하는 것이 좋겠다고 말씀하셨어요.	• The doctor said I'd better not go to school because I have the flu.
4	독감은 전염성이 있어 조심해야 해요.	• You have to be careful because the flu is contagious.
5	마스크를 써야 할 것 같아요.	• I think I should wear a mask.
6	지난달에 독감 예방접종을 했어요.	• I got the flu vaccine last month.
	백신 접종했어요.	• I'm vaccinated.
7	온몸이 아파요. (몸살)	• My whole body aches. • I have body aches.
8	폐렴에 걸렸어요.	• I have pneumonia.
9	바이러스에 감염되었어요.	• I got infected with the virus.
10	저는 자가 격리 중이에요.	• I'm in self-isolation.

 Why are you wearing a mask?
너 왜 마스크 쓰고 있어?

 I have _____ _____ _____ _____.
나 독감 증상이 있어.

 Check!

세상에서 가장 긴 영어 단어가 뭘까 궁금했던 적이 한 번쯤은 있죠? 선생님한테도
물어보는 친구가 많은데요, 사전을 찾아보고서야 알았답니다. **사전에 등재된 제일 긴
영어 단어는 진폐증이라는 뜻의 pneumonoultramicrosilicovolcanoconiosis입니다.**
캬~ 정말 길죠? 발음은 인터넷 사전에서 찾아서 꼭 한번 들어보세요.
의외로 외우기가 어렵지 않답니다.

Note
contagious : 전염성이 있는
pneumonia : 폐렴
self-isolation : 자가 격리

04 골절·인대 손상

어디 뼈가 부러지는 골절상은 일상에서도 참 흔하죠? 팔도 부러지고 다리도 부러지고 깁스도 많이 하죠. '부러지다'라고 말할 때는 break 동사를 쓰는데요, 갑자기 생각나는 표현이 있네요. **Break a leg**라고 하면 이때는 다리를 부러뜨린다는 뜻이 아니에요. 약간 생뚱맞게 느껴지지만 **break a leg**의 뜻은 '잘해! 행운을 빌어!'입니다. 예전에 연극배우들 사이에 행운을 빌면 나쁜 일이 생긴다는 미신이 있었대요. 그래서 오히려 반대로 "다리 부러져라!"라는 말로 행운을 빌었던 데서 나온 표현이래요. 재미있죠? (그 외의 다른 유래도 있는데 친구들이 한 번 찾아보도록 해요.)

1 다리를 다쳤어요.   • I hurt my leg.

발이 걸려서 넘어졌어요.   • I tripped and fell.

계단에서 굴렀어요.   • I fell down the stairs.

2 발목을 삐었어요.   • I sprained my ankle.

3 손목이 부러졌어요.   • I broke my wrist.

팔이 부러졌어요.   • I broke my arm.

4 뼈가 부러졌어요. (골절)   • The bone is broken.

뼈에 금이 갔어요.   • There's a crack in the bone.

5 무릎 인대가 찢어졌어요.   • I tore a ligament in my knee.

인대가 늘어났어요.   • I strained a ligament.

6 엑스레이를 찍었어요.   • I had an x-ray taken.

다리 엑스레이를 찍었어요.   • I had my leg x-rayed.

7 다리에 깁스를 했어요.   • I have a cast on my leg.
                            • My leg is in a cast.

깁스를 하고 있어요.   • I'm wearing a cast.

8	내일 깁스를 풀어요.	• I'm getting my cast removed tomorrow.

9	휠체어를 타야 해요.	• I have to use a wheelchair.
	저는 목발을 짚고 걸어요.	• I walk on crutches.

10	저는 수술을 했어요.	• I had surgery. • I had an operation.
	의사 선생님이 저 수술해야 한대요.	• My doctor says I need surgery.

Let's Talk!

Why are you on crutches?
너 왜 목발 짚고 있어?

I tore _____ _____ _____ _____ _____.
무릎 인대가 찢어졌어.

Note   **ligament** : 인대

05 복통·치통

교무실에 있다 보면 학생들이 가장 많이 아프다고 호소하는 증상이
복통인 것 같아요. 밥을 너무 안 먹어서, 너무 많이 먹어서, 잘못 먹어
서, 위장 장애로, 생리통 때문에 등등 배가 아플 일이 너무 많죠. 물론
꾀병(fake illness)도 있어요. 선생님들은 보통 그게 꾀병인지 아닌지
다 아는데 너무 신기하지 않아요? 수천, 수만 명의 학생을 보다 보니
이젠 눈빛만 봐도 다 보인답니다.

1	배가 아파요.	• I have a stomachache.
	배탈이 났어요.	• I have an upset stomach.
2	체했어요. 소화가 안 돼요.	• I have indigestion.
3	장염이에요.	• I've got stomach flu.
4	뭘 잘못 먹었나 봐요.	• I guess I ate something bad.
	식중독에 걸렸어요.	• I have food poisoning.
5	설사해요.	• I have diarrhea.
	밤새 설사를 했어요.	• I had diarrhea all night.
6	토할 것 같아요.	• I think I'm going to throw up. • I feel like vomiting.
	온종일 토하고 있어요.	• I've been throwing up all day.
7	이가 아파요.	• I have a toothache. • My teeth are hurting.
8	충치가 있어요.	• I have a cavity. • I have a rotten tooth.
	충치를 때웠어요.	• I got my cavity filled.

9	이가 흔들려요.	• I have a wobbly tooth. • I have a loose tooth.
	제가 이를 뽑았어요.	• I pulled out my tooth.
	치과에서 이를 뽑았어요.	• I had my tooth pulled out at the dentist.
10	잇몸이 부었어요.	• My gums are swollen.

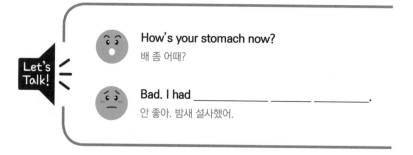

Let's Talk!

How's your stomach now?
배 좀 어때?

Bad. I had _____ _____ _____.
안 좋아. 밤새 설사했어.

Note

indigestion : 소화불량
stomach flu : 장염
diarrhea : 설사
vomit : 토하다
cavity : 충치

answer diarrhea, all, night

218 Chapter 6 건강

06 피부·상처

사춘기와 함께 오는 반갑지 않은 손님이 바로 여드름이죠. 보기 싫어서 짜다 보면 또 쾌감이 느껴지기도 하는데요, 깨끗하지 않은 손으로 여드름을 짜면 세균에 감염되어 더 심각한 트러블이 생긴다는 거 다 알고 있죠? 여드름을 짜다는 squeeze a pimple, 여드름을 터트리다는 pop a pimple이라고 말해요.

What's that on your forehead?

It's a pimple.

1 피부 질환이 있어요.
- I have a skin disease.
- I have a skin problem.
- I have a skin disorder.

2 너무 가려워요.
- It's so itchy.

등이 가려워요.
- I have an itchy back.

3 땅콩 알레르기가 있어요.
- I'm allergic to peanuts.
- I have a peanut allergy.

4 여드름이 났어요.
- I have acne.
- I have a pimple.

5 얼굴에 상처가 났어요.
- I got a scratch on my face.

상처가 깊어요.
- The wound is deep.

6 무릎이 까졌어요.
- I scraped my knee.

7 손가락을 베었어요.
- I cut my finger.

8 저 피나요.
- I'm bleeding.

저 코피 나요.
- I have a nosebleed.

9 손에 화상을 입었어요.
- I burned my hand.

손가락에 화상을 입었어요.
- I got a burn on my finger.

10 멍들었어요.	• I have a bruise.
무릎에 멍이 들었어요.	• My knee is bruised.

Let's Talk!

What happened to your hand?
너 손 왜 이래?

It's a mosquito bite. _____ _____ _____.
모기 물렸어. 너무 가려워.

07 눈병·시력

Oh, no. I got pink eye! 아니, 핑크 눈이라뇨? 큰일 난 것 같은데 무슨 일일까요? 이 표현은요, 결막염이 생겼을 때 쓰는 표현입니다. 결막염은 conjunctivitis라고 하는데요, 실생활에서는 pink eye를 더 많이 사용해요. 결막염이 생기면 눈 흰자가 핑크빛으로 붉어지는데 그렇게 생각하니 pink eye라는 명칭이 찰떡같네요.

1 눈병이 났어요.
- I have an eye infection.
- I have an eye problem.

눈이 아파요.
- I have sore eyes.

2 눈이 빨개요.
- My eyes are red.

눈이 충혈됐어요.
- My eyes are bloodshot.

3 눈이 가려워요.
- I have itchy eyes.
- My eyes are itchy.

눈을 비볐어요.
- I rubbed my eyes.

4 저 결막염이에요.
- I have pink eye.

5 다래끼가 났어요.
- I have a sty(stye) in my eye.

6 안연고를 발라야 해요.
- I need to apply eye ointment.

안약을 넣었어요.
- I put eye drops in my eyes.

7 시력 검사를 했어요.
- I had an eye test.

시력 검사를 할 거예요.
- I'm going to have my eyesight tested.

Note

ointment : 연고

8 시력이 좋아요.

- I have good eyesight.

시력이 안 좋아요.

- I have poor eyesight.
- I have bad eyesight.

9 시력이 점점 나빠지고 있어요.

- My eyesight keeps getting worse.

안경 없이 잘 안 보여요.

- I can't see well without my glasses.

10 안과 선생님이 저 안경 써야 한대요.

- The eye doctor said I have to wear glasses.

새 안경을 맞췄어요.

- I got new glasses.

Let's Talk!

Wow, you're wearing glasses!
와, 너 안경 썼네!

Yeah. The _____ _____ said I have to _____ _____.
응, 안과 선생님이 나 안경 써야 한대.

answer eye, doctor, wear, glasses

08 병원·응급실

I'm in (the) hospital. 그리고 I'm at the hospital. 둘은 비슷하게 생겼지만 뜻은 다릅니다. I'm in (the) hospital은 입원해 있다는 의미예요. 미국에서는 I'm in the hospital이라고 많이 쓰고 영국에서는 I'm in hospital이라고 해요. 다른 말로 I'm hospitalized라고 할 수 있어요. 반면에 I'm at the hospital은 병문안처럼 병원에 있는 누군가를 만나러 갔을 때 사용해요.

1	진료를 예약했어요.	• I made a doctor's appointment.
	진료 예약이 되어 있어요.	• I have an appointment with the doctor.
2	아침에 병원에 들렀어요.	• I stopped by a hospital in the morning.
	병원에 가 봐야 할 것 같아요.	• I think I need to see a doctor.
	어제 병원에 갔어요.	• I went to the hospital yesterday.
3	수술 때문에 입원을 해야 해요.	• I need to be hospitalized for surgery.
	저 병원에 입원해 있어요.	• I'm in (the) hospital.
4	진료 받았어요.	• I received medical treatment.
	수술 받았어요.	• I had surgery. • I had an operation.
5	처방전을 받았어요.	• I received a prescription.
	의사 선생님이 약을 처방해 주셨어요.	• The doctor prescribed some medicine for me.
6	응급실에 갔어요.	• I went to the ER(emergency room).

| 7 | 엄마가 119를 불렀어요. | • Mom called 119. |

| 8 | 구급차를 타고 병원에 갔어요. | • We went to the hospital by ambulance. |

| 9 | 진단서를 받았어요. | • I got a medical certificate. |

| 10 | 병원에서 퇴원했어요. | • I was discharged from the hospital.
• I left the hospital. |

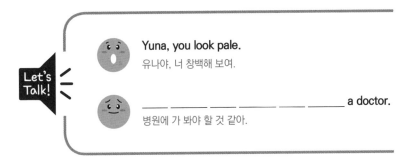

Let's Talk!

Yuna, you look pale.
유나야, 너 창백해 보여.

＿＿＿ ＿＿＿ ＿＿＿ ＿＿＿ ＿＿＿ ＿＿＿ a doctor.
병원에 가 봐야 할 것 같아.

answer I, think, I, need, to, see

09 약·약국

약국이라고 하면 drugstore와 pharmacy 두 단어가 떠올라요. 둘 다 약국이 맞는데요, 살짝 차이점이 있어요. 미국 drugstore에서는 의약품 외에도 편의점처럼 화장품 등의 다양한 상품을 팔아요. 그런데 여기에는 약을 조제하는 전문 약사가 없어서 처방 약은 살 수 없어요. 처방전을 가지고 가서 처방 약을 살 수 있는 곳은 pharmacy입니다.

Yuck,
I hate these pills.

1	의사 선생님께 약 처방을 받았어요.	• I got the prescription from my doctor.
	약사에게 처방전을 드렸어요.	• I gave the prescription to the pharmacist.
2	약국에 가서 약을 사야 해요.	• I need to go to the pharmacy to buy medicine.
	약국에 가고 있어요.	• I'm going to the drugstore.
3	약국에서 감기약을 샀어요.	• I bought some cold medicine at the pharmacy.
4	약물 치료 중이에요.	• I'm on medication.
5	약을 먹어야 해요.	• I have to take the pills.
	하루에 세 번 약을 먹어요.	• I take medicine three times a day.
6	약이 써요.	• The medicine is bitter.
7	약을 먹으면 졸려요.	• I feel sleepy after I take the medicine.
8	알약을 삼키기가 쉽지 않아요.	• It's not easy to swallow pills.

| 9 | 알약과 시럽을 받았어요. | • I got pills and liquid medicine. |

| 10 | 식후 30분 후에 약을 먹어야 해요. | • I have to take medicine thirty minutes after eating. |

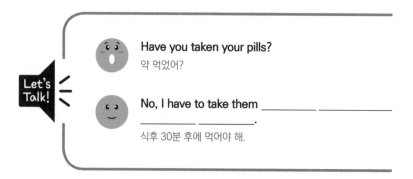

Have you taken your pills?
약 먹었어?

No, I have to take them ＿＿＿＿＿ ＿＿＿＿＿
＿＿＿＿＿ ＿＿＿＿＿.
식후 30분 후에 먹어야 해.

치료·처치

일회용 반창고를 밴드라고 하죠? 그런데 선생님이 어렸을 때는 대일밴드라고 불렀어요. 우리나라 초창기 밴드 중에 가장 유명했던 브랜드가 대일밴드였거든요. 상표가 보통명사처럼 쓰인 거죠. 재미있게도 미국의 상황도 똑같아요. 일회용 밴드를 의미하는 단어 Band-Aid는 미국의 Earle Dickson이 손에 상처와 화상을 자주 입는 부인을 위해 발명한 제품인데요, 오늘날까지도 미국에서는 일회용 밴드를 Band-Aid라고 부르고 있답니다.

1 지혈했어요. • I stopped the bleeding.

상처를 압박했어요. • I pressed the wound.

2 상처를 소독했어요. • I cleaned the wound.

상처를 흐르는 수돗물에
씻었어요. • I washed the wound under
running tap water.

3 거기에 연고를 발랐어요. • I applied some ointment on it.

4 밴드를 붙였어요. • I put on a Band-Aid.

5 간호사 선생님이 팔에 붕대를
감아 줬어요. • The nurse put a bandage
around my arm.

의사 선생님이 제 팔에 깁스를
해 주셨어요. • The doctor put a cast on my
arm.

6 (의료진이) 제 다리의
엑스레이를 찍었어요. • They took an X-ray of my leg.

7 의사 선생님이 상처를
꿰맸어요. • The doctor sewed up my
wound.

의사 선생님이 실밥을 제거해
줬어요. • The doctor removed the
stitches.

8	주사를 맞았어요.	• I got a shot.
		• I got an injection.
	간호사 선생님이 주사를 놔 줬어요.	• The nurse gave me a shot.

9	링거를 맞았어요.	• I got an IV(intravenous).
	간호사 선생님이 진통제를 주셨어요.	• The nurse gave me a painkiller.
	해열제를 먹었어요.	• I took a fever reducer.

| 10 | 물리치료를 받았어요. | • I received physical therapy. |
| | 손목에 아이스팩을 올렸어요. | • I put an ice pack on my wrist. |

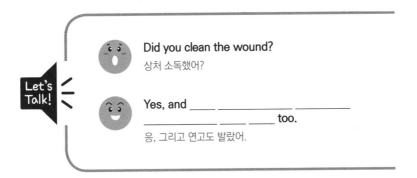

Let's Talk!

Did you clean the wound?
상처 소독했어?

Yes, and _____ _____ _____
_____ _____ _____ too.
응, 그리고 연고도 발랐어.

Check!

병원에 가면 기본적으로 확인하는 것들이 있죠. 체중, 키, 혈압, 체온을 체크하고
피검사, 소변검사도 많이 해요. 관련 표현을 알아볼까요?

- 몸무게를 쟀어요.   I measured my weight.
- 키를 쟀어요.   I measured my height.
- 간호사가 체온을 쟀어요. The nurse took my temperature.
- 혈압을 쟀어요.   I took my blood pressure.
- 피검사를 했어요.   I took a blood test.
- 소변검사를 했어요.   I took a urine test.

상대가 아플 때 해 주는 말

괜찮아요? • Are you OK?	어디 아파요? • What's the matter?
(아프다는 말에) 안됐네요. • That's too bad. • I'm sorry to hear you're sick.	빨리 낫길 바라요. • I hope you get better soon. • I hope you feel better soon.
빨리 나으세요. • Get well soon.	몸조리 잘하세요. • Take care.
당신은 병원 가 봐야 할 것 같아요. • You should see a doctor.	제 생각에 당신은 병원에 갈 필요가 있는 것 같아요. • I think you need to go to the hospital.
따뜻한 물 많이 마셔요. • Drink lots of warm water.	약 먹는 것 잊지 마세요. • Don't forget to take your medicine.
푹 쉬어요. • Get some rest. • Take a rest.	잠 좀 자 봐요. • Get some sleep.

알아 두면 유용한 질병의 명칭

두통	복통	치통
headache	stomachache	toothache

요통	귓병	눈병
backache	earache	eye infection

다래끼	결막염	감기
sty(e)	pink eye / conjunctivitis	cold

편도염	독감	폐렴
tonsillitis	flu(influenza)	pneumonia

맹장염	천식	수족구병
appendicitis	asthma	hand, foot, and mouth disease

홍역	수두	소화불량
measles	chickenpox	indigestion

식중독	근육통	골절
food poisoning	muscular pain	fracture

백혈병	당뇨병	신장병
leukemia	diabetes	kidney disease

간염	심장병	암
hepatitis	heart disease	cancer

알아 두면 유용한 각 과의 의사 명칭

소아과 의사 **pediatrician**	치과 의사 **dentist**
내과 의사 **physician**	외과 의사 **surgeon**
이비인후과 의사 **otolaryngologist**	안과 의사 **eye doctor / ophthalmologist**
피부과 의사 **dermatologist**	신경과 의사 **neurologist**
신경외과 의사 **neurosurgeon**	정신과 의사 **psychiatrist**
정형외과 의사 **orthopedic surgeon**	성형외과 의사 **plastic surgery surgeon**
부인과 의사 **gynecologist**	비뇨기과 의사 **urologist**

Chapter 7
고민 · 문제 상황

1 친구·다툼·괴롭힘	2 성격·외모	3 학교·공부·성적
4 사랑·이별	5 다이어트·운동·건강	6 용돈·아르바이트
7 스마트폰·게임·인터넷 중독	8 안 좋은 습관	9 하고 싶은 것·꿈·장래 희망
10 가족과의 갈등	알아 두면 유용한 직업 명칭	체육 시간에 수행평가로 많이 하는 운동 명칭
알아 두면 유용한 자주 사용하는 연결어		

(고민이 있어요.)

money

diet

love

family

school

friends

인생은 고민의 연속이다 ...

games

친구·다툼·괴롭힘

영어로 학교폭력을 school bullying이라고 해요. 왕따를 시키고 나에게 못되게 구는 친구가 있다면 굳이 그 친구와 친해지려고 할 필요가 없다고 봐요. 그러면 재한테는 못되게 굴어도 되는구나 생각하거든요. 싫은 건 싫다고 분명히 밝히고 정도가 심해지면 선생님과 부모님께 꼭 도움을 청하세요. 학교폭력에 가담한 친구들은 나중에 커서 사회생활을 할 때도 큰 지장을 받죠. 이걸 인과응보라고 해야 할까요. You reap what you sow. 뿌린 대로 거두는 거죠.

1 친구를 많이 사귀고 싶어요. • I want to make many friends.

저 소윤이랑 친구가 되고 싶어요. • I want to become friends with Soyoon.

2 그 아이처럼 되고 싶어요. • I want to become like her.

3 같이 놀 친구가 없어요. • I have no friends to play with.

이야기 나눌 사람이 없어요. • I have no one to talk to.

4 학교에서 외로워요. • I feel lonely at school.

5 단짝과 절교했어요. • I broke up with my best friend.

친구와 싸웠어요. • I had a fight with my friend.

6 그 애가 저한테 화난 이유를 모르겠어요. • I don't know why she is mad at me.

7 그 애와 화해하고 싶어요. • I want to make up with her.

8 저는 학교에서 소외당하고 있는 것 같아요. • I feel like I'm getting left out at school.

친구들이 저를 따돌리고 있어요. • My friends are bullying me.

9 친구들이 저를 놀려요. • My friends make fun of me.

10 그 아이가 계속해서 저를
비난해요.

• He keeps picking on me.

Why don't you go out and play?
나가서 놀지 그래?

I feel like _____ _____ ____ _____.
나 소외당하고 있는 것 같아.

answer I'm, getting, left, out

02 성격·외모

나의 외모가 ~했으면 더 좋았을 텐데 싶은 것들이 있죠? 키가 더 컸더라면, 얼굴이 더 예뻤더라면 좋았을 텐데, 하고요. 이런 말을 영어로 하고 싶다면 **I wish I were~**를 사용해서 표현하면 됩니다. "I wish I were prettier." "I wish I were taller." 이렇게요. 현재와는 반대되는 상황을 가정한 것이기 때문에 가정법을 사용해요.

1	제 성격이 마음에 안 들어요.	• I don't like my personality.
	제 성격에 문제가 좀 있는 것 같아요.	• I think there's something wrong with my personality.
	성격을 바꾸고 싶어요.	• I want to change my personality.
2	저는 너무 수줍음이 많아요.	• I'm too shy.
	저는 너무 소심해요.	• I'm too timid.
3	저는 외향적인 성격을 갖고 싶어요.	• I want to have an outgoing personality.
	자신감 있는 사람이 되고 싶어요.	• I want to become a confident person.
4	저는 너무 조심성이 없어요.	• I'm very careless.
5	저는 너무 쉽게 주의가 산만해져요.	• I get distracted too easily.
6	저는 좀 부정적이에요.	• I'm a bit negative.
	긍정적인 사람이 되고 싶어요.	• I want to become a positive person.
7	저는 제 외모가 마음에 안 들어요.	• I don't like my looks.

8 저는 너무 통통해요.	•	I'm too chubby.
좀 더 날씬하면 좋겠어요.	•	I wish I were thinner.
9 더 예뻐지고 싶어요.	•	I want to become prettier.
잘생겨지고 싶어요.	•	I want to become handsome.
10 키가 크고 싶어요.	•	I want to be tall.
제 키가 너무 작은 것 같아요.	•	I think I'm too short.

 ＿＿＿＿ ＿＿＿＿ ＿＿＿＿ ＿＿＿＿ ＿＿＿＿.

내 외모가 마음에 안 들어.

 Why do you think so? You look just perfect.

왜 그렇게 생각해? 너 완벽해.

학교·공부·성적

보통 선생님들은 수업 시간에 깜빡 조는 것은 이해할 수 있지만 대놓고 자는 것은 안 된다고 말씀하시죠? 비슷한 것 같지만 둘은 의지 면에서 보면 큰 차이가 있어요. 어떻게든 안 자려고 눈 부릅떠 가면서 노력해도 꾸벅꾸벅 졸 수 있죠. 그럴 때는 **doze off**라는 표현을 써요. 아예 작정하고 책을 베개 삼아 누워 자는 것을 표현할 때는 우리가 아는 그 **sleep**을 쓰고요.

1	학교에 가는 것이 싫어요.	• I don't like going to school. • I hate to go to school.
2	학교에 자꾸 지각해서 걱정이에요.	• I'm worried because I'm always late for school.
3	수업 시간에 졸지 않는 것이 힘들어요.	• It's so hard not to doze off in class.
4	공부하는 것이 힘들어요.	• Studying is so difficult for me.
	공부에 집중을 못 하겠어요.	• I can't focus on studying.
5	공부를 더 잘하고 싶어요.	• I want to do better at school.
6	공부하는 방법을 모르겠어요.	• I don't know how to study.
	어떻게 하면 성적을 올릴 수 있을까요?	• How can I get better grades?
7	공부를 왜 해야 하는지 모르겠어요.	• I don't know why I should study.
	왜 대학교에 가야 하나요?	• Why do I have to go to university?
8	성적이 잘 안 나와요.	• I'm not doing well at school.
	성적이 나빠요.	• I have poor grades.

9	시험 때문에 걱정이에요.	• I'm worried about the exam.
	성적 때문에 걱정이에요.	• I'm worried about my grades.

10	고등학교 진학 때문에 두려워요.	• I'm nervous about entering high school.
	특수 목적고에 가고 싶어요.	• I want to go to a specialized high school.
	좋은 대학교에 가고 싶어요.	• I want to go to a good university.

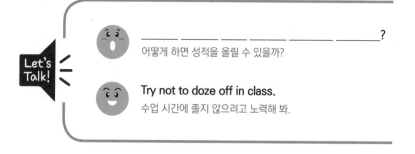

Let's Talk!

_____ _____ _____ _____ _____ _____?
어떻게 하면 성적을 올릴 수 있을까?

Try not to doze off in class.
수업 시간에 졸지 않으려고 노력해 봐.

04 사랑·이별

친구가 이별을 했어요. 그럴 때 위로가 되어 주는 친구가 진짜 친구죠. 위로를 할 때 자주 쓰는 표현에는 "I feel so sorry for you." "I'm so sorry to hear that."이 있습니다. 여기서 sorry는 미안하다는 뜻이 아니고 유감이고 안타깝다는 뜻이에요.

1	그 애를 사랑하는 것 같아요.	• I think I love him.
	그가 나를 좋아하는 것 같아요.	• I think he likes me.
2	그 애랑 사귀고 싶어요.	• I want to go out with her.
	그녀가 나랑 사귈까요?	• Do you think she will go out with me?
3	그녀에게 데이트 신청을 할까요?	• Shall I ask her out?
	그녀가 나에게 데이트 신청을 했어요.	• She asked me for a date.
4	그가 나를 바람맞혔어요.	• He stood me up.
5	그녀가 바람피우고 있어요.	• She is cheating on me.
6	그녀는 나를 좋아하지 않는 것 같아요.	• I think she's not into me.
7	그는 날 떠났어요.	• He left me.
	그녀가 날 찼어요.	• She dumped me.
8	우리는 헤어졌어요.	• We broke up.
	남자친구와 헤어졌어요.	• I split up with my boyfriend.

9	잊어버리려고 노력 중이에요.	• I'm trying to move on.
10	마음이 아파요.	• I'm heartbroken.
	그는 나의 마음에 상처를 입혔어요.	• He broke my heart.

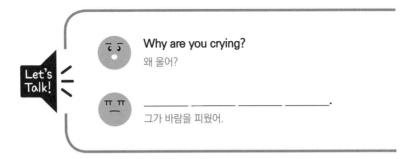

Let's Talk!

Why are you crying?
왜 울어?

_____ _____ _____ _____.
그가 바람을 피웠어.

Check!

"She is cheating on me." "He cheated on me." 상대방이 바람을 피울 때는 '속이다', '사기 치다'는 뜻의 cheat 동사를 사용해요. 이 cheat 동사는 또 다른 나쁜 일에도 사용되는데요, 시험에서 부정행위를 했을 때도 쓰입니다. 흔히 "쟤가 커닝했어요."라고 표현하죠. 여기서 커닝 자체가 영어니까 부정행위를 영어로 cunning이라고 하고 싶겠지만, 그건 잘못된 콩글리시예요. cunning의 뜻은 '교활한'이에요. **부정행위의 올바른 표현은 cheating, '부정행위를 하다'는 cheat입니다.**

Note	**split up** : 헤어지다

05 다이어트·운동·건강

I'm on a diet. 선생님도 다이어트 중이에요. 그런데 스스로 뚱뚱하다고 생각하는 사람 중에는 사실 보통 체격인 경우도 많아요. 너무 말라도 몸에 안 좋다는 것은 명확한 사실이죠. 외국에서는 '깡마른 모델 퇴출법'이 만들어지기도 했을 정도예요. 그러니까 건강에 해가 될 정도로 너무 살을 빼려고 하진 말기로 해요.

1	저 체중이 너무 많이 늘었어요.	• I gained too much weight.
	체중을 줄여야 해요.	• I have to lose weight.
2	저 너무 뚱뚱해 보여요?	• Do I look too fat?
3	저 다이어트 중이에요.	• I'm on a diet.
	다이어트를 해야 해요.	• I have to go on a diet.
4	저는 너무 많이 먹어요.	• I eat too much.
	저는 식욕이 왕성해요.	• I have a big appetite.
5	제 식단에 문제가 있는 것 같아요.	• There seems to be something wrong with my diet.
6	운동을 좀 해야 할 것 같아요.	• I need to work out.
	어떤 운동을 해야 할까요?	• What kind of exercise should I do?
7	체지방을 어떻게 줄이나요?	• How can I reduce my body fat?
	저는 근육을 키우고 싶어요.	• I want to build muscle.
	저는 더 유연해지고 싶어요.	• I want to become more flexible.

8 저는 건강이 늘 걱정돼요. • I'm always concerned about my health.

9 너무 쉽게 피곤해져요. • I get tired too easily.

10 더 건강해지고 싶어요. • I want to be healthier.

Why aren't you eating?
너 왜 안 먹어?

_____ _____ ____ _____.
나 다이어트 중이야.

 Check!

일상적인 운동을 뜻하는 영어 단어로는 **exercise**가 가장 먼저 떠오르죠?
그와 더불어 **workout**도 많이 쓰여요. **workout**이 명사로는 '운동'을 뜻해요.
그런데 '운동하다'라는 동사의 의미로 쓰려면 work와 out을 떼서 **work out**이라고
씁니다.

06 용돈·아르바이트

아르바이트는 영어처럼 들리지만, 사실은 '일'이나 '노동'을 뜻하는 독일어 arbeit에서 유래되었다고 합니다. 그래서 미국인에게 아르바이트라고 말하면 못 알아들어요. 영어로 아르바이트는 **part-time job**이라고 말하면 됩니다.

1 나 돈이 다 떨어졌어요.   • I have run out of money.

2 돈을 좀 빌릴 수 있을까요?   • Can I borrow some money?

저에게 돈 좀 빌려줄 수 있어요?   • Can you lend me some money?

3 내일 갚을게요.   • I'll pay you back tomorrow.

4 부모님이 용돈을 충분히 안 주세요.   • My parents don't give me enough pocket money.

5 용돈이 충분하지 않아요.   • I don't have enough allowance.

6 용돈 인상이 필요해요.   • I need a raise in my allowance.

7 돈이 모자라요.   • I'm short of money.

8 아르바이트해야 할까 봐요.   • Maybe I should get a part-time job.

9 아르바이트 때문에 공부 시간이 부족해요.   • I don't have enough time to study because of my part-time job.

10 아르바이트를 그만두고 싶어요.   • I want to quit my part-time job.

I need to buy a new pen,
but I'm _____ _____ _____.

새 펜을 사고 싶은데 돈이 모자라.

 I can lend you some money.

내가 돈 좀 빌려줄 수 있어.

Let's
Talk!

07 스마트폰·게임·인터넷 중독

스몸비(smombie)라고 들어 봤나요? 사람들이 스마트폰을 들여다보느라 고개를 숙이고 길을 걷는 모습이 좀비 같다고 해서 붙은 이름이에요. 스몸비는 스마트폰(smartphone)과 좀비(zombie)를 합성한 단어로 2015년 독일에서 처음 사용되었어요. 스몸비가 되면 앞에서 차가 와도 피할 수 없겠죠? 이처럼 큰 사고가 날 수도 있기 때문에 사회적으로도 큰 문제가 되고 있어요.

1	제 핸드폰은 너무 오래됐어요.	• My phone is too old.
	핸드폰이 왜 이렇게 느린지 모르겠어요.	• I don't know why my phone is so slow.
2	나만 스마트폰이 없어요.	• I'm the only one who doesn't have a smartphone.
	다른 사람들처럼 스마트폰을 갖고 싶어요.	• I want to have a smartphone like others.
	스마트폰이 없으면 못 살아요.	• I can't live without my smartphone.
3	저 핸드폰 중독인가 봐요.	• I think I'm addicted to my phone.
	저 게임 중독이에요.	• I'm addicted to games.
4	어제 게임 하다가 밤새웠어요.	• I was up all night playing games.
5	엄마가 저보고 게임을 너무 많이 한대요.	• My mom says I play games too much.
6	저는 게임 할 시간이 더 필요해요.	• I need more time to play games.

7	인터넷으로 너무 많은 시간을 보내요.	• I spend too much time on the internet.
8	소셜 미디어에 시간을 덜 쓰고 싶어요.	• I want to spend less time on social media.
9	소셜 미디어 때문에 스트레스 받아요.	• Social media makes me feel stressed.
10	스마트폰 중독을 극복하고 싶어요.	• I want to overcome my smartphone addiction.

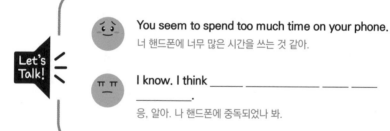

Let's Talk!

You seem to spend too much time on your phone.
너 핸드폰에 너무 많은 시간을 쓰는 것 같아.

I know. I think _____ _____ ____ ____
_____.
응, 알아. 나 핸드폰에 중독되었나 봐.

08 안 좋은 습관

Old habits die hard. 오래된 버릇은 어렵게 죽는다? 세 살 버릇 여든 까지 간다는 영어 속담입니다. 좋은 습관은 80세까지 가져가야겠지 만 나쁜 버릇은 빨리 버려야 할 텐데 어떻게 해야 할까요? 예를 들어 코 파는 버릇은요? 새끼손가락과 약지를 묶어 버리면 될까요?

1 자꾸 코를 파는 것을 멈추고 싶어요.
- I want to stop picking my nose.

2 먹기 전에 손 씻는 것을 항상 깜빡해요.
- I always forget to wash my hands before I eat.

3 양치하는 것이 너무 귀찮아요.
- I'm too lazy to brush my teeth.

4 숙제하는 것을 자꾸 잊어버려요.
- I keep forgetting to do my homework.

5 저는 편식을 해요.
- I'm picky about food.
- I'm a picky eater.

6 거짓말하는 습관이 있어요.
- I have a habit of lying.

7 친구들에게 짓궂은 장난을 해요.
- I play mean jokes on my friends.

8 늦게 자고 늦게 일어나요.
- I sleep late and wake up late.

9 하면 안 되는 걸 알지만 멈출 수가 없어요.
- I know I shouldn't do it but I can't stop doing it.

10 안 좋은 습관을 고치고 싶어요.
- I want to break my bad habit.

Why did you leave so much food?
왜 음식을 그렇게 많이 남겼어?

_____ ____ _____ _____ .

나 편식해.

Let's Talk!

09 하고 싶은 것·꿈·장래 희망

꿈은 꾸어야 이루어져요. 그리고 꿈을 가졌다면 포기하지 않기를 바랍니다.

You have to dream before your dreams can come true.

꿈을 이루려면 꿈부터 꾸어야 한다. — A. P. J. Abdul Kalam

Don't give up on your dreams, or your dreams will give up on you.

꿈을 포기하지 말라. 그렇지 않으면 꿈이 당신을 포기할 것이다.

— John Wooden

1 하고 싶은 것이 무엇인지
모르겠어요.

• I don't know what I want to do.

2 커서 무엇을 해야 할지
모르겠어요.

• I don't know what I should do
when I grow up.

졸업하면 뭘 해야 할지
모르겠어요.

• I don't know what to do after
I graduate.

3 꿈이 없어요.

• I don't have a dream.

꿈이 없어도 될까요?

• Is it okay not to have a dream?

4 꿈이 너무 많아요.

• I have too many dreams.

어떤 것을 골라야 할지
모르겠어요.

• I don't know which to choose.

5 꿈을 못 이루면 어떡하죠?

• What if I don't achieve my
dreams?

6 부모님이 제 꿈을 지지하지
않아요.

• My parents don't support my
dreams.

7 저는 요리사가 되고 싶은데
부모님은 제가 의사가 되길
원하세요.

• I want to become a chef, but
my parents want me to become
a doctor.

8	제가 꿈꾸는 직업을 가지려면 어떻게 준비해야 할까요?	• How do I prepare for my dream job?
9	직업을 못 찾으면 어쩌죠?	• What if I can't find a job?
	좋은 직업을 얻지 못할 것 같아요.	• I don't think I'll be able to get a good job.
10	저의 미래가 걱정돼요.	• I'm concerned about my future.
	저의 장래가 불확실해 보여요.	• My future seems uncertain.

 What's your dream job?
네가 꿈꾸는 직업은 뭐야?

 Actually, I don't know _____ ____ _____ ____ _____.
사실은 내가 하고 싶은 것이 뭔지 모르겠어.

answer What, I, want, to, do

10 가족과의 갈등

가족 갈등을 family conflict라고 해요. 가정에 문제가 있으면 학교에 가서 공부도 잘 안 되고 온종일 신경이 쓰이고 기분도 안 좋아요. 나만 그런 게 아니라 전 세계 사람들 모두 크든 작든 가족과 갈등을 겪고 있을 거예요. 그만큼 자연스러운 일이니 너무 심각하게 생각하지 말고 해결책을 찾으려고 노력하면 좋겠어요. 혼자서 해결하려고 하기보다는 가족과 함께 대화해서 풀어 보고, 그래도 해결이 안 되면 가족 상담처럼 외부의 도움을 받는 것도 좋아요.

1 가족과 갈등이 있어요. • I have a conflict with my family.

2 엄마랑 다퉜어요. • I had an argument with my mom.

3 저에 대한 부모님의 기대가 높아요. • My parents have high expectations for me.

부모님이 저에게 너무 많이 기대하세요. • My parents expect too much of me.

4 부모님이 저를 믿어 주지 않으세요. • My parents don't believe in me.

5 아빠는 저를 이해해 주지 않으세요. • My dad doesn't understand me.

6 엄마가 계속 잔소리를 해요. • My mom keeps nagging me.

7 형과 매일 싸워요. • I fight with my elder brother every day.

남동생이 계속 귀찮게 해요. • My younger brother keeps bothering me.

8 엄마가 여동생을 더 사랑해요. • Mom loves my younger sister more than me.

9 부모님이 이혼하실 것 같아요. • I think my parents are going to get a divorce.

10 가족이 저를 신경 쓰지 않는 것 같아요. • I think my family doesn't care about me.

 What's the matter?
무슨 일 있니?

 My parents _____ _____ _____ _____ _____.
부모님이 저에게 기대를 너무 많이 하세요.

알아 두면 유용한 직업 명칭

가구 디자이너 **furniture designer**	가수 **singer**
가정주부 **homemaker**	간호사 **nurse**
건축가 **architect**	검사 **prosecutor**
경비 **(security) guard**	경찰관 **police officer**
경호원 **bodyguard**	공무원 **civil servant / public servant**
과학자 **scientist**	광고 기획자 **account executive**
교사 **teacher**	교수 **professor**
국무총리 **prime minister**	국회의원 **member of the National Assembly**
군인 **soldier**	그래픽디자이너 **graphic designer**
기상캐스터 **weather caster / weather reporter**	기자 **reporter / journalist**
농부 **farmer**	뉴스 진행자 **news anchor**
대통령 **president**	댄서 **dancer**

동물 훈련사 animal behaviorist	랩 가수 rapper
로봇공학자 robotics engineer	마술사 magician
모험가 adventurer	목사 pastor
목수 carpenter	뮤지컬 배우 musical actor(남) / musical actress(여)
미용사 hairdresser / hairstylist	바리스타 barista
배달원 delivery person	배우 actor(남) / actress(여)
번역가 translator	변호사 lawyer
비서 secretary	사서 librarian
사육사 zookeeper	사진작가 photographer
삽화가 illustrator	상담전문가 counselor(counsellor)
선생님 teacher	선장 captain (of a ship)
성우 voice actor(남) / voice actress(여)	소방관 fire fighter
소설가 novelist	수의사 veterinarian(vet)
수학자 mathematician	승무원 flight attendant / cabin crew

시나리오 작가	시인
screenwriter	**poet**
심판	아나운서
referee / judge	**announcer**
애니메이터	약사
animator	**pharmacist**
어부	엔지니어
fisherman	**engineer**
여행 가이드	여행 작가
tour guide	**travel writer**
연예인	영양사
entertainer	**dietitian**(dietician)
영업사원	영화감독
salesperson	**movie director / film director**
예술가	외교관
artist	**diplomat**
요가강사	요리사
yoga instructor	**cook**
우주비행사	우편집배원
astronaut	**mail carrier**
운동선수	운전기사
athlete / sportsman	**driver**
웹툰작가	유튜버
webtoon artist	**YouTube content creator**
은행원	음악가
bank clerk / teller(창구 직원)	**musician**
의사	자동차 정비사
doctor	**car mechanic**

작가 **writer / author**	작곡가 **songwriter / composer**
잠수부 **diver**	점원 **shop assistant / clerk**
정원사 **gardener**	정치인 **politician**
제빵사 **baker**	조종사 **pilot**
지휘자 **conductor**	청소부 **cleaner / cleaning man / cleaning woman**
컴퓨터 프로그래머 **computer programmer**	탐정 **(private) detective**
통역사 **interpreter**	트레이너 (훈련시키는 사람) **trainer**
판사 **judge**	패션디자이너 **fashion designer**
편집자 **editor**	프로게이머 **pro-gamer**
플로리스트 **florist**	화가 **painter / artist**
환경미화원 **sanitation worker**	회계사 **accountant**
최고 경영자 **chief executive officer(CEO)**	최고 기술 책임자 **chief technology officer(CTO)**

체육 시간에 수행평가로 많이 하는 운동 명칭

탁구 **table tennis**	야구 **baseball**	배구 **volleyball**
농구 **basketball**	축구 **soccer** (영국에서는 football 이라고 해요)	티볼 **tee ball**
배드민턴 **badminton**	윗몸일으키기 **sit-up**	팔굽혀펴기 **push-up** (영국에서는 press-up이라고 해요)
턱걸이 **pull-up / chin-up**	줄넘기 **jump rope** (영국에서는 skipping rope라고 해요)	핸드볼 **handball**
치어리딩 **cheerleading**	저글링 **juggling**	스포츠스태킹 **sport stacking**
플라잉디스크 **flying disc** (Frisbee라고도 불러요)	심폐소생술 **CPR**(cardiopulmonary resuscitation)	셔틀런 **shuttle run**
풋살 **futsal**	팝스 **PAPS**(Physical Activity Promotion System)	점프밴드 **jump bands**
제기차기 **jegichagi**	제자리멀리뛰기 **standing long jump / standing broad jump**	이어달리기 **relay / relay race**
100미터 달리기 **100 meters / 100-meter dash**	오래달리기 **long-distance running**	요가 **yoga**
플랭크 **plank**		

알아 두면 유용한 자주 사용하는 연결어

연결어는 영어로 transition 또는 linking words라고 해요.
적절한 연결어로 문장과 문장을 이어 주면서 자기 생각을 더 멋지게 표현해 보아요.

그리고 and	그렇지만 but / however	그래서 so
그러므로 therefore	또한 also	왜냐하면 because
결국에는 after all / at last	그건 그렇고 (그런데) by the way	다시 말하자면 in other words
이런 이유로 for this reason	마침내 at last	만약 ~라면 if
반면에 on the other hand	사실은 in fact	예를 들어서 for example / for instance
A뿐만 아니라 B도 not only A but also B	요즘에는 nowadays	최근에 lately / recently
우선 to begin with	즉 that is	~라 할지라도 even if
게다가 in addition	첫째, 둘째, 셋째 first, second, third	그다음에 then / next / after that
마지막으로 finally / lastly		

교실영어 표현사전 [학생편]
초등부터 중등까지 학교에서 필요한 거의 모든 영어 표현

1판 1쇄 발행 2023년 10월 20일
1판 2쇄 발행 2023년 10월 27일

지은이 김단해
발행인 유성권

편집장 양선우
기획·책임편집 신혜진   **편집** 윤경선
해외저작권 정지현   **홍보** 윤소담 박채원   **본문디자인** 김수미
마케팅 김선우 강성 최성환 박혜민 심예찬 김현지
제작 장재균   **물류** 김성훈 강동훈

펴낸곳 ㈜이퍼블릭
출판등록 1970년 7월 28일, 제1-170호
주소 서울시 양천구 목동서로 211 범문빌딩 (7995)
대표전화 02-2653-5131   **팩스** 02-2653-2455
메일 loginbook@epublic.co.kr
포스트 post.naver.com/epubliclogin
홈페이지 www.loginbook.com
인스타그램 @book_login

로그인은 ㈜이퍼블릭의 어학 · 자녀교육 · 실용 브랜드입니다.